Wie Business Analytics die Budgetierung optimieren kann

Potenziale und Status Quo

Bibliografische Information der Deutschen Nationalbibliothek:

Die Deutsche Nationalbibliothek verzeichnet diese Publikation in der Deutschen Nationalbibliografie; detaillierte bibliografische Daten sind im Internet über http://dnb.d-nb.de abrufbar.

Impressum:

Copyright © EconoBooks 2021

Ein Imprint der GRIN Publishing GmbH, München

Druck und Bindung: Books on Demand GmbH, Norderstedt, Germany

Covergestaltung: GRIN Publishing GmbH

Inhaltsverzeichnis

Abbildungsverzeichnis V

Abkürzungsverzeichnis VI

1 Einleitung 1

    1.1   Relevanz der Thematik 1

    1.2   Ziel der Arbeit 2

    1.3   Aufbau und Vorgehensweise der Arbeit 2

2 Theoretische Grundlagen zur Budgetierung 4

    2.1   Begriffserklärung 4

    2.2   Funktionen 4

    2.3   Traditionelle Budgetierung 5

    2.4   Weiterentwicklung der Budgetierung 8

3 Business Analytics 10

    3.1   Begriffserklärung 10

    3.2   Begriffsabgrenzung von Business Intelligence und Business Analytics 12

4 Möglichkeiten von Business Analytics im Rahmen der Budgetierung 13

    4.1   Grundsatz der Einfachheit 13

    4.2   Grundsatz der Flexibilität 17

    4.3   Steigerung der Prognosegüte 21

    4.4   Grundsatz der Integration 25

5 Stand der Praxis 27

    5.1   Stand in Deutschland 27

    5.2   Stand im Ausland 34

    5.3   Hindernisse und Herausforderungen 35

6 Zusammenfassung und Ausblick **38**

   6.1   Zusammenfassung 38

   6.2   Ausblick 39

Anhang **41**

Literaturverzeichnis **51**

Abbildungsverzeichnis

Abbildung 1: Regelungen von Kompetenzen zwischen Managern und Controllern auf unterschiedlichen Hierarchieebenen 6

Abbildung 2: Analytics-Evolutionsstufen 11

Abbildung 3: Aufbau Treiberbaum 14

Abbildung 4: Aufbau Szenario-Analyse. 19

Abbildung 5: Rollierende Planung und Forecast 20

Abbildung 6: Von der traditionellen Planung zum simulationsbasierten Ansatz 23

Abbildung 7: Unterschied Machine Learning zur Statistik 25

Abbildung 8: Dauer der aktuellen Budgetierung 29

Abbildung 9: Grad der Automatisierung 29

Abbildung 10: Welche Instrumente werden eingesetzt? 31

Abkürzungsverzeichnis

BA	Business Analytics
BI	Business Intelligence
CFO	Chief Financial Officer
E(1-4)	Experte (1-4)
GuV	Gewinn- und Verlustrechnung
ICV	Internationaler Controller Verein
KPI	Key Performance Indicator
OLAP	Online Analytical Processing

1 Einleitung

1.1 Relevanz der Thematik

Eine Budgetierung soll zur Koordinierung und Steuerung von Prozessen sowie Geschäftsentscheidungen dienen. Megatrends wie die Digitalisierung haben allerdings das Geschäftsumfeld in den vergangenen Jahren stark verändert. Durch kürzere Produktlebenszyklen sowie wachsende Kundenanforderungen ist die Marktvolatilität stark gestiegen. Die Bedeutung von Dynamik nimmt daher immer mehr zu, wodurch es wichtig ist, dass sich Unternehmen flexibel und schnell an neue Umstände anpassen können. In der Praxis wird hingegen meist noch an der traditionellen Budgetierung festgehalten. Wissenschaftler wie Weber warnen jedoch seit Jahren davor, dass diese Art der Planung kritisch zu betrachten ist, weil sie u.a. aufgrund von zu starren und aufwendigen Prozessen einer agilen Reaktion auf Veränderungen im Wege steht.[1]

Durch die Digitalisierung ergeben sich jedoch nicht nur Herausforderungen, sondern auch Chancen. Begriffe wie „Big Data" werden durch den rasanten Anstieg an generierten Daten in den jeweiligen Unternehmen immer bekannter. Laut einer Studie des ICVs wird sich die Datenmenge ab 2012 innerhalb von zehn Jahren von 1,8 auf 100 Zettabyte drastisch erhöhen. Doch die Unternehmen wissen meist nicht, wie sie diese Mengen an Informationen optimal nutzen können, um darauseinen Wettbewerbsvorteil zu erzielen. Der Einsatz von Business Analytics (BA) kann dazu beitragen, die gesammelten Daten in für die Budgetierung nützliche Informationen umzuwandeln und diese folglich an die aktuellen Anforderungen anzupassen. Diese oder ähnliche Möglichkeiten finden allerdings bisher kaum in den Controlling-Prozessen Beachtung. Unter den in der WHU-Studie "Zukunftshemen des Controlling" befragten Unternehmen verwendeten nur 5% BA intensiv. Obwohl die Anwendungsbereiche von BA sehr unterschiedlich sind, betrachten sich ebenfalls nur 8% der Unternehmen in Bezug auf Dynamik und Stabilität gut aufgestellt.[2]

---

[1] Vgl. Horváth (2011), S. 202-205; Nasca et al. (2018), S. 37-46; Pfläging (2015), S. 66-75; Weber, Linder (2008), S. 11-21 sowie Weber et al. (2010), S. 323-327.

[2] Vgl. Gänßlen et al. (2014), S. 1-43; Schäffer, Weber (2018a), S. 42-48 sowie Schäffer, Weber (2018b), S. 16-23.

1.2 Ziel der Arbeit

Ziel dieser Arbeit ist es zu untersuchen, welche Möglichkeiten durch Business Analytics im Rahmen der Budgetierung entstehen und inwieweit diese bereits in der Praxis eingesetzt werden. Zur Beantwortung der Forschungsfrage soll zunächst ein einheitliches Verständnis für die Begrifflichkeiten und den Ablauf der Budgetierung geschaffen werden. Darin enthalten wird das Konzept der traditionellen Budgetierung, mit den daraus herausgearbeiteten Herausforderungen und möglichen Weiterentwicklungen der Planung, vorgestellt. Diese bilden im Anschluss die Basis für eine Analyse, welche Möglichkeiten und Chancen es durch die Digitalisierung mittlerweile als Lösung für die vorgestellten Probleme gibt. Dafür ist es in diesem Zusammenhang auch wichtig, dass der Begriff „Business Analytics" im Vorfeld klar definiert und abgegrenzt wird. Im Anschluss daran wird untersucht, wie der Stand der Praxis aussieht. Dabei wird v.a. darauf eingegangen, welche Instrumente bereits eingesetzt werden, wie die Erfahrungen damit sind und wo es noch mögliche Hindernisse gibt. Zudem wird der Stand außerhalb Deutschlands miteinbezogen, um mögliche Länderunterschiede zu berücksichtigen.

1.3 Aufbau und Vorgehensweise der Arbeit

In Kapitel 2 werden die theoretischen Grundlagen zur Budgetierung dargelegt. Zu Beginn erfolgt eine Begriffsabgrenzung zwischen der Budgetierung, dem Budget und dem gesamten Budgetierungssystem. Anschließend wird auf die Funktionen der Budgetierung eingegangen. Um den Status quo der meisten Unternehmen zu verdeutlichen, wird im Nachgang die traditionelle Budgetierung mit ihrem Konzept und den Kritikpunkten aus der Praxis vorgestellt. Daraus resultierend folgen mögliche Weiterentwicklungen der traditionellen Budgetierung.

In Kapitel 3 wird Business Analytics definiert und in die einzelnen Analytics-Evolutionsstufen unterteilt. Außerdem wird der Unterschied zwischen Business Intelligence und Business Analytics aufgezeigt.

In Kapitel 4 wird vorgestellt, welche Möglichkeiten sich durch den Einfluss von Business Analytics auf die Budgetierung ergeben. Veranschaulicht wird dies an den Grundsätzen der modernen Budgetierung: Einfachheit, Flexibilisierung, Integration. Ergänzt werden diese Bereiche um die Steigerung der Prognosegüte. Dabei wird in diesem Kapitel eine Auswahl an technologischer und mathematischer bzw. statistischer Methoden vorgestellt, welche die Kritikpunkte der traditionellen Budgetierung lösen sollen.

In Kapitel 5 wird untersucht, inwieweit diese Möglichkeiten bereits in der Praxis genutzt werden. Durch eine Analyse der Publikationen wird zuerst auf den Stand deutscher und im Anschluss von ausländischen Unternehmen eingegangen. Ergänzt werden diese Aspekte um die Auswertung von eigenständig durchgeführten Experteninterviews mit ausgewählten Unternehmen.

In Kapitel 6 wird abschließend eine Zusammenfassung anhand der gewonnenen Erkenntnisse gezogen und ein Ausblick auf eine zukünftige Entwicklung gewährt.

Aus Gründen der leichteren Lesbarkeit wird in der Bachelor-Arbeit die männliche Form gewählt. Dies soll als geschlechtsneutral zu verstehen sein und keine Benachteiligung des weiblichen oder anderen Geschlechtsidentitäten beinhalten.

2 Theoretische Grundlagen zur Budgetierung

2.1 Begriffserklärung

Bei der Budgetierung handelt es sich um einen Prozess, der alle Maßnahmen im Zusammenhang mit der Erstellung, Genehmigung, Implementierung und Kontrolle von Budgets umfasst. Somit ist die Budgetierung ein elementares Koordinierungsinstrument zwischen Management und Controlling, welches die Planungsinhalte monetär darstellt. Die Budgetierungist zudem eines der wichtigsten Controlling-Instrumente, weiles durch die Bereitstellung desbetriebswirtschaftlichen Plans die Grundlage für eine Durchführung vonPlan-Ist-Vergleichen in demControlling-Regelkreis bildet.[3]

In der Budgetierung wird grundsätzlich zwischen zwei Arten von betriebswirtschaftlichen Planungsprozessen, welche sich gegenseitig ergänzen, unterschieden. Die strategische Budgetierung basiert dabei auf einer langfristigen Planung, mit dem Ziel der langfristigen Existenzsicherung. Der Zeitraum wird, je nach Literatur, ab einem bzw. drei Jahr(en) angesetzt. Die operative Planung hingegen ist kurzfristig für einen Zeitraum von bis zu einem Jahr ausgerichtet und übernimmt die Planung, Kontrolle sowie Steuerung der einzelnen Ziele und Maßnahmen. In diesen Bereich wird oft die Budgetierung eingegliedert, da hier die Zielwerte meist sehr detailliert bis auf die Kostenstellenebene dargestellt werden. Die Budgetierung kann als Top-down-, Bottom-up- oder als Gegenstromverfahren durchgeführt werden.[4]

Das Budget ist dabei als Resultat des Budgetierungsprozesses zu verstehen. Hierbei werden die Ergebnisse in bestimmte Zielwerte definiert, die innerhalb des Planungszeitraums erreicht werden sollen. Neben den monetären Werten, können im Rahmen der Budgetierung auch quantitative sowie qualitative Parameter festgehalten werden.[5]

2.2 Funktionen

Zu den wichtigsten Funktionen der Budgetierung zählt neben der Planungsfunktion, welche bereits im Abschnitt 2.1 vorgestellt wurden, v.a. die Motivation der Mitarbeiter. Die Budgets werden durch die Transformation der strategischen Planung auf kurz- bis mittelfristige Ziele als Ergebnisse

---

[3] Vgl. Dambrowski (1986), S. 19; Horváth (2011), S. 202-205 sowie Rieg (2015), S. 3ff.
[4] Vgl. Rieg (2015), S. 9-17 sowie Weber, Schäffer (2016), S. 301-306, 390f.
[5] Vgl. Horváth (2003), S. 4f. sowie Rieg (2015), S. 3ff.

widergespiegelt. Dadurch wird jeder Einzelne ermutigt sich an die Vorgaben zu halten oder diese bestenfalls zu über- bzw. unterschreiten, um ein bestimmtes Ziel zu erreichen.[6]

Die Budgetverantwortlichen sollen jedoch nicht nur die eigenen Ziele in ihrem Bereich verfolgen. Es ist essentiell, dass immer die Unternehmensziele aus der strategischen Planung im Fokus stehen. Somit ist die Koordinierungsfunktion in der Budgetierung ebenfalls wichtig, um das Unternehmen langfristig erfolgreich zu steuern. Aus diesem Grund ist es die Aufgabe der Budgetierung, dass die vorhandenen Ressourcen in der Planung optimal an die notwendigen Stellen allokiert werden.[7]

Durch die Festlegung der Zielvorgaben wird schließlich ermöglicht, diese als Grundlage für die Kontrollfunktion zu nutzen. Dafür sollen in Plan-Ist-Kontrollen frühzeitig Diskrepanzenfestgestellt werden und eine Überprüfung der Zielerreichung erfolgen. Aus den Abweichungsanalysen kann dann mit Maßnahmen entgegengesteuert oder bestehende Ziele - falls notwendig - neu ausgerichtet werden, um die Unternehmensstrategie weiterzuverfolgen.[8]

2.3 Traditionelle Budgetierung

2.3.1 Konzept

Die traditionelle Budgetierung wurde bereits Anfang des 20. Jahrhunderts entwickelt und ist, mit dem Ziel einer Erleichterung derUnternehmenssteuerung, schnell als Controlling-Instrument überall eingeführt worden. Grundlage der traditionellen Budgetierung ist die Festlegung von Budgets, welche hier meist einmal im Jahr erfolgt. Diese monetären Zielwerte sollen den Managern Entscheidungsfreiräume bieten sowie die Funktionen aus dem Abschnitt 2.2 erfüllen. Das Budgetierungsverfahren reicht von der Budgeterstellung bis hin zur Verabschiedung und Kontrolle der einzelnen Budgets (siehe Abbildung 1). Die traditionelle Budgetierung beginnt meist mit dem Top-down-Ansatz auf der Führungsebene. Diese legt die strategischen Pläne und Rahmenbedingungen der Zielgrößen fest. Grundlage dafür bildet eine Abweichungsanalyse der Vorperiode sowie Änderungen der Unternehmens- bzw. Umweltsituation.Daraus bildet die Unternehmensleitung ein Gesamtbudget, welches im nächsten Schritt in

---

[6] Vgl. Horváth (2003), S. 4f.; Küpper et al. (2013), S. 30-34 sowie Wömpener (2008), S. 23-37.

[7] Vgl. Horváth (2003), S. 4f.; Küpper et al. (2013), S. 30-34 sowie Wömpener (2008), S. 23-37.

[8]Vgl. Horváth (2003), S. 4f. sowie Küpper et al. (2013), S. 30-34.

Teilbudgets aufgeteilt wird. Währenddessen stellen die Bereiche an die Führungsebene Bottom-up ihre Budgetanträge. Diese Teilbudgets und Anträge werden konsolidiert, diskutiert und nach der letzten Prüfung verabschiedet. Im weiteren Verlauf ist es wichtig, dass die Budgetvereinbarung kontrolliert wird. Dabei erfolgt v.a. die Erfassung und Überwachung der Zielerreichung sowieeine Darstellung der Differenzen. Hiervon wird schließlich eine Abweichungsanalyse und Bewertung vorgenommen. Im Nachgang wiederholt sich der Budgetierungsprozess von Beginn an und bildet so einen stetigen Regelkreislauf.[9]

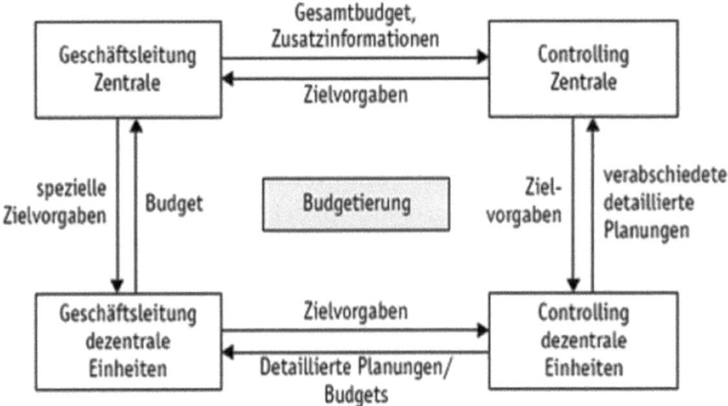

Abbildung 1: Regelungen von Kompetenzen zwischen Managern und Controllern auf unterschiedlichen Hierarchieebenen, Quelle: Weber, Schäffer (2016), S. 475.

2.3.2 Praxis

In Barkalovs Buch gibt ungefähr jeder fünfte Mitarbeiter an, mit der Planung unzufrieden zu sein. Der mit am häufigsten genannte Kritikpunkt ist der immense Aufwand für den Budgetierungsprozess. Durch den hohen Detaillierungsgrad bis in jeden einzelnenBereich hinein, dauert dieser Prozess lt. der WHU-Studie von 2010 bei 62% neun Wochen oder länger, Tendenz weiter steigend. Dies liegt v.a. an der Bottom-up-Ermittlung der einzelnen Budgets, weil hier jeder Kostenstellenverantwortliche seinen eigenen Antrag stellt. Folglich sind diese wiederum noch mindestens einmal anschließend zu diskutieren und ggf.

---

[9] Vgl. Barkalov (2015), S. 25-30; Rieg (2015), S. 3-17, 44-48; Weber et al. (2010), S. 323-327 sowie Weber, Schäffer (2016), S. 305-322, 475.

anzupassen. Dieses Verfahren ist somit äußerst zeit- bzw. ressourcenaufwändig und ist insbesondere bei dezentraler Geschäftsverantwortung nicht geeignet.[10]

Der hohe Detaillierungsgrad kann zudem dazu führen, dass der Zusammenhang zwischen der Budgetierung und strategischer Planung nicht mehr klar nachvollziehbar ist. Aufgrund der Komplexität fehlt ihnen schlicht der Blick aufs Wesentliche und sie verlieren sich in der Planung. Der Manager handelt infolgeder mangelnden Transparenz womöglich widersprüchlich zu den übergeordneten Zielen oder vernachlässigt diese aufgrund von einem fehlenden Verständnis für die Planungsgrundlage. In einem solchen Fall wäre die Planung der Budgets und somit die Nutzung der vielen Ressourcen überflüssig.[11]

Die meisten Unternehmen schreiben die Geschäftsentwicklung einmal im Rahmen eines Jahreshorizonts fest. Dies setzt jedoch ein stabiles Planungsumfeld voraus. Durch u.a. der Digitalisierung und technologischen Innovationen steigt jedoch die Dynamik rasant an, weil die Marktzyklen zunehmend kürzerwerden. Dementsprechend führt dies dazu, dass der Inhalt von festgeschriebenen Budgets in vielen Bereichen bereits nach einigen Monaten oder mitunter sogar nach wenigen Wochen überholt ist. Wurden die Werte aus vorherigen Planungen übernommen, wird dieses Defizit noch deutlicher. Auch eine kontinuierliche Anpassung der Einflussgrößen auf das Budget ist kaum realisierbar, da durch den hohen Detaillierungsgrad der Planungsprozess zu starr ist, um flexibel auf Veränderungen reagieren zu können.[12]

Ein weiterer Kritikpunkt der Budgetierung ist die mangelhafte Prognosegüte. Durch die Planung der Budgets soll ein Blick in die Zukunft des Unternehmens gewährt werden. In der Realität findet dieser Blick jedoch mit vergangenheitsorientierten Daten statt, die zudem häufig nur fortgeschrieben werden, um den Planungsaufwand zu verringern. Dies tritt insbesondere in Fällen auf, in denen die Höhe der Budgets nur schwer feststellbar ist. Infolgedessen bleibt unwirtschaftliches Handeln verborgen sowie neue Einflussfaktoren im Unternehmen oder der Umwelt unbeachtet. Dadurch kann sich das Unternehmen nicht auf notwendige Veränderungen einstellen und anpassen. Verstärkt wird

---

[10] Vgl. Barkalov (2015), S. 3-10;Waniczek et al. (2017), S. 50ff. sowie Weber et al. (2010), S. 323-327.

[11] Vgl. Barkalov (2015), S. 32f. sowie Waniczek et al. (2017), S. 50ff.

[12] Vgl. Arrenberg (2019), S. 12; Leyk et al. (2013), S. 15ff. sowie Pfläging (2015), S. 67ff.

dieser Effekt zusätzlich durch einen fehlenden Marktbezug, der aufgrund einer hohen Dynamik nicht mehr ignoriert werden darf.[13]

Der Grundgedanke von Budgets ist, einen größeren Handlungsspielraum für die Manager zu schaffen. Die Realität zeigt jedoch, dass die traditionelle Budgetierung verstärkt Fehlanreize und ein Silodenkenfördert. Bereichsorientierte Ressourcenallokationenführen dazu, dass Manager sich nur für ihre eigene Zielerreichung interessieren, statt im Wohle des Gesamtunternehmens zu handeln. Im schlimmsten Fall kann dieser Egoismus sogar zu Rivalitäten führen. Außerdemführt es häufigzu bewusst unehrlichem Verhalten, in Form von Budgetmanipulationen. Aufgrund von u.a. falschen Anreizsystemen, ist den Managern i.d.R. die Einhaltung von Budgets wichtiger, als einen Vorteil für das Unternehmen zu generieren. Einige Ziele können sich zudem nur schwer messen lassen. Dies bietet einen weiteren Fehlanreiz, sich v.a. auf direkt beeinflussbaren Variablen zu fokussieren. Durch den Bezug auf Planungsperioden treten Kriterien wie Nachhaltigkeit oder kontinuierliche Leistungsverbesserungen unweigerlich in den Hintergrund. Notwendige Investitionen werden dabei auf Folgeperioden verschoben, falls das vorhandene Budget nicht ausreicht.[14]

2.4 Weiterentwicklung der Budgetierung

Durch die genannten Kritikpunkte in Abschnitt 2.3.1 sind sich Wissenschaftler, darunter Horvárth, Rieg und Weber, einig, dass die Budgetierung verbessert und überdacht werden muss.[15] In den letzten Jahren haben sich daraus v.a. zwei Konzepte herauskristallisiert, die nachfolgend vorgestellt werden.

Das erste Konzept - Better Budgeting - versucht die bestehenden Probleme aus der traditionellen Budgetierung zu lösen. Der bisherige Planungsansatz bleibt zwar als Basis bestehen, allerdings werden die Prozesse optimiert. Dies funktioniert zum einen durch eine Verschlankung der Prozesse sowie einer Reduktion der Detailtiefe. Dadurch wird die Budgetierung schneller, günstiger und flexibler. Zum anderen werden im Better Budgeting marktorientierte Zielwerteeingebracht, um Anpassungen an dynamische Entwicklungen zu ermöglichen. Dem Problem der mangelhaften Prognosegüte wird durch die Ausrichtung auf die Zukunft und

---

[13] Vgl. Barkalov (2015), S. 32f.; Leyk et al. (2013), S. 15ff.; Pfläging (2015), S. 71f.; Rieg (2015), S. 72-75sowie Waniczek et al. (2017), S. 50ff.

[14] Vgl. Küpper (1994), S. 929; Schäffer (2015), S. 55 sowie Weber, Schäffer (2016), S. 305.

[15] Vgl. Horváth (2003), S. 5-8; Rieg (2015), S. 81-168 sowie Weber, Linder (2008), S. 21-35.

Rolling Forecasts entgegengewirkt. Zur Vermeidung von Fehlanreizen soll zudem eine Trennung der Budgets und Entlohnung erfolgen.[16]

Auf dieser Basis hat sich der ICV zusammengesetzt und sogenannte „Grundsätze der modernen Budgetierung" mit den Aspekten einfach, flexibel und integriert festgelegt. Diese werden mit einer Steigerung der Prognosegüte kombiniert und als Grundlage in Kapitel 4 aufgegriffen, um daran aufzuzeigen, welche Instrumente Business Analytics ermöglicht, für eine Weiterentwicklung zurdigitalen Planung.[17]

Beyond Budgeting setzt auf einen radikaleren Ansatz, welcher auf die bisherigen Budgetierungsprozesse verzichtet, um die Kritikpunkte der traditionellen Budgetierung zu bewältigen. Dies wird u.a. durch die Stärkung der Dezentralisierung mit mehr Entscheidungsfreiheiten ermöglicht. Dadurch können Manageragil, d.h. proaktiv sowie flexibel, eigene Entscheidungen treffen. Hierfür bietet sich eine Anpassung der Organisation in eine netzwerkartige Struktur an. Außerdem ist nicht die Erreichung der Zielwerte entscheidend, sondern die Erfüllung der strategischen und darunter auch qualitativen Ziele. Durch rollierende Forecasts, der Trennung von Zielgrößen sowie der Vergütung sollen die restlichen Probleme gelöst werden.[18]

---

[16]Vgl. ebd.

[17] Vgl. Eisl et al. (2011), S. 64-67; Kohlmann (2015), S. 42-47; Leyk et al. (2013), S. 95-106 sowie Pfläging (2015), S. 66-75.

[18]Vgl. Horváth (2003), S. 5-8; Rieg (2015), S. 81-168 sowie Weber, Linder (2008), S. 21-35.

3   Business Analytics

3.1   Begriffserklärung

Das Ziel von Business Analytics ist, in Echtzeit Einblicke in das Unternehmen zu gewinnen und dadurch die Planung sowieGeschäftssteuerung optimal zu gestalten. Dafür nutzt BA verschiedene Technologien und Modelle, die im Kapitel 4 näher erläutert werden. Auch Studien wie z.B. von Nasca et al. haben bewiesen, dass durch den erfolgreichen Einsatz von Business Analytics eine Steigerung des Erfolgs gemessen werden kann. Dies wird u.a. durch den digitalen Prozess einer Datenoptimierung und -auswertung ermöglicht. Folglich lassen sich neue Erkenntnisse für Manager gewinnen, die wiederum ihre Geschäftsentscheidungen beeinflussen. Grundlage für die Möglichkeit einer Auswertung von Daten ist die Sammlung von großen Datenmengen. Hierbei ist v.a. die Datenqualität für die weiteren Schritteentscheidend. Außerdem ist eine geschickte Kombination von bereits vorhandenen Systemen im Unternehmen mit neuen innovativen Technologien erforderlich. BA ist daher nicht nur ein Instrument, sondern umfasst alle technologischen Möglichkeiten der Digitalisierung und vereint diese. Grundsätzlich lässt sich Business Analytics in die nachfolgend erläuterten Evolutionsstufen aufteilen, dargestellt in Abbildung 2.[19]

Descriptive Analytics beschäftigt sich mit der Frage, was passiert ist oder gerade geschieht. Diese Methodik gewinnt Einblicke in das Geschehene, durch eineAuswertung von vergangenheitsbezogenen Daten. Die Datengrundlage dafür wird meist in einem Data Warehouse-Systemgesammelt und aufbereitet. Das Data Warehouse ist eine zentrale Datenbank, die auch heterogene Quellen miteinander verbinden kann. Durch die Analyse werden KPIs erstellt und ausgewertet, welche für das Reporting und Monitoring genutzt werden. Instrumente, die dafür genutzt werden können, sind für das Reporting Abfrage- und Berichtswerkzeuge sowie für das Monitoring Dashboards.[20]

Diagnostic Analytics hingegen untersucht die entstandenen Werte, um die Frage zu beantworten, warum etwas so passiert ist. In dieser Methodik werden die historischen Daten miteinander verglichen, um mögliche Ursachen für bestimmte Probleme oder Abweichungen zu entdecken. Des Weiteren ermöglicht Diagnostic

---

[19] Vgl. Chamoni, Gluchowski (2017), S. 8-16; Gänßler (2016), S. 1-7; Gluchowski (2016), S. 273–286 sowie Krefeld, Hans (2018), S. 37-40.

[20] Vgl. Chamoni, Gluchowski (2017), S. 8-16; Gänßler (2016), S. 1-7 sowie Gluchowski (2016), S. 273–286.

Analytics die Feststellung von Wechselwirkungen. Daraus können dann entstandene Folgen durch eventuelle Fehlentscheidungen sowie Muster identifiziert werden. Zur Unterstützung der Analyse können Instrumente wie OLAP, eine Methode, um einfach Daten abzurufen sowie aus verschiedenen Blickwinkeln zu betrachten, oder Visualisierungs-Tools genutzt werden.[21]

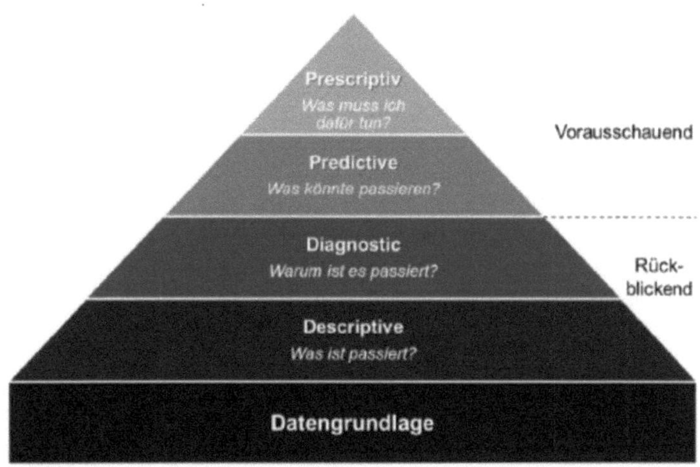

Abbildung 2: Analytics-Evolutionsstufen, Quelle: eigene Darstellung in Anlehnung an Gänßler (2016), S. 2.

Predictive Analytics hat das Ziel herauszufinden, was passieren könnte. Dafür wird auf dieser Stufe ein Prognoseverfahren angewandt, um zukünftige Entwicklungen ermitteln zu können. Die Datengrundlage bildet sich aus den historischen sowie aktuellen Unternehmensdaten und der Integration von Marktdaten. Um eine Vorhersage zu erzeugen, werden statistische und maschinelle Verfahren, wie z.B. Regressionen oder Machine Learning, zur Ermittlung von gewissen Trends oder Präferenzen eingesetzt. Das maschinelle Lernen ist ein Teilgebiet der künstlichen Intelligenz und setzt auf Verfahren zum selbstständig kontinuierlichen Lernen, damit das System sein eigenes Wissen auf der Basis von Erfahrungen erfasst. Mit dem Einsatz dieser neuen Methoden wird auch häufig von „Advanced Analytics" gesprochen.[22]

---

[21] Vgl. Gänßler (2016), S. 1-7.

[22] Vgl. Chamoni, Gluchowski (2017), S. 8-16; Gänßler (2016), S. 1-7 sowie Gluchowski (2016), S. 273–286.

Prescriptive Analytics erstellt eine Handlungsempfehlung und zeigt auf, was getan werden muss, um gewisse Ziele zu erreichen. Als Basis sind v.a. externe Daten mit dem Einfluss auf eine Entscheidung relevant. Um herauszufinden, welche Handlungsalternative für das jeweilige Unternehmen am besten ist, fließt die Datengrundlage in Optimierungsverfahren und Simulationen ein. Daraus können sich dann beeinflussende Variablen ablesen lassen. Wichtig ist, im Vorfeld die Ziele und Anforderungen an das Analyseergebnis sowie einen Handlungsrahmen festzulegen.[23]

3.2 Begriffsabgrenzung von Business Intelligence und Business Analytics

Da in der Umgangssprache Business Intelligence und Business Analytics häufig als Synonym verwendet werden, ist es umso wichtiger an dieser Stelle beide Begriffe abzugrenzen. Bei Business Intelligence handelt es sich um eine Methodik der systematischen Analyse des Unternehmens. Die Betrachtung erfolgt mittels der Verwendung von vergangenheitsorientierten Daten ab dem aktuellen Datum rückblickend. Das Ziel eines BI-Systems ist, eine valide Basis für Unternehmensentscheidungen zu schaffen, damit Manager reaktiv handeln können. Genutzt werden dafür ausschließlich die Stufen Descriptive sowie Diagnostic Analytics.[24]

Der wesentliche Unterschied zu Business Analytics liegt darin, dass sich dieses System zusätzlich noch mit dem Blick in die Zukunft auseinandersetzt. BA setzt dafür auf einen Einsatz unterschiedlichster Methoden und Technologien. Durch den Einsatz von Predictive und Prescriptive Analytics soll BA eine Vorausschau für das Unternehmen erstellen. Um hier verlässliche Vorhersagen treffen zu können, ist v.a. die Nutzung von Data Mining, Statistiken und mathematischen Verfahrenessentiell. Folglich können Manager frühzeitig auf die Frage, was mit dem Unternehmen zukünftig wahrscheinlich geschehen wird, proaktiv reagieren und steuern. BA nutzt dafür ebenfalls die Methoden von BI und ist daher einfach ausgedrückt, eine Erweiterung von technologischen Möglichkeiten und Fragestellungen der Analysten.[25]

---

[23] Vgl. ebd.
[24] Vgl. Chamoni, Gluchowski (2017), S. 8-16 sowie Krefeld, Hans (2018), S. 37-40.
[25] Vgl. ebd.

4 Möglichkeiten von Business Analytics im Rahmen der Budgetierung

4.1 Grundsatz der Einfachheit

4.1.1 Fokus auf das Wesentliche

Laut der Controller-Panel-Erhebung von 2016 setzen sich die Unternehmen v.a. mit Big Data auseinander, da die Menge an vorhandenen Daten stetig wächst.[26] Der Begriff umfasst hauptsächlich das Ansammeln und Analysieren großer und komplexer Datenmengen für verschiedene Auswertungen.[27] Durch diese Informationsüberflutungkann der Manager jedoch schnell den Überblick verlieren.[28] Sofern es in der Planung dann keinen Blick auf das Wesentliche gibt, leidet die Aussagekraft und Transparenz der Budgetierung darunter.[29] Bereits die Gestaltungsempfehlungen der modernen Budgetierung schreiben vor, dass eine Einfachheit nur durch „schlanke Abläufe, sich auf steuerungsrelevante Inhalte beschränken, nur nutzenbringende Instrumente und Methoden einsetzen, wenige Eingangsgrößen, optimale Detaillierung finden [...]"[30] erreicht werden kann.

Ein Instrument, um die Budgetierung zu erleichtern, ist der Einsatz einer treiberbasierten Planung. Genutzt werden hierfür nur die entscheidungsrelevanten Werttreibermit ihrer Ursache-Wirkungsbeziehung untereinander. Durch die Reduktion auf die wichtigsten Einflüsse des Unternehmens entsteht eine Transparenz in der Planung und folglich ein höheresVerständnis für die festgelegten Zielgrößen. Anhand von Treiberbäumen wird eine Spitzenkennzahl strategisch festgelegt, um die wichtigsten internen sowie externen Einflüsse Top-down zu identifizieren und mit weiteren KPIs auf operativer Ebene zu ergänzen (siehe Abbildung3). Die Budgetierung erweitert diese mit den finanziellen Zielgrößen.

---

[26] Vgl. Gänßler et al (2014), S. 1-5; Gleich, Tschandl (2018), S. 80ff. sowie Waniczek et al. (2017), S. 50-56.

[27] Vgl. ebd.

[28] Vgl. Barkalov (2015), S. 32f. sowie Waniczek et al. (2017), S. 50ff.

[29] Vgl. Arrenberg (2019), S. 12ff.; Barkalov (2015), S. 32f. sowie Waniczek et al. (2017), S. 50ff.

[30] Eisl et. al (2011), S. 64.

Neben einem Treiberbaum erlaubt die Weiterentwicklung technologischer Möglichkeiten zudem eine Optimierung bzw. Ergänzung der Planung durch den Einsatz weiterer Instrumente wie z.B. die nachfolgend beschriebenen Echtzeit- und Szenario-Analysen.[31]

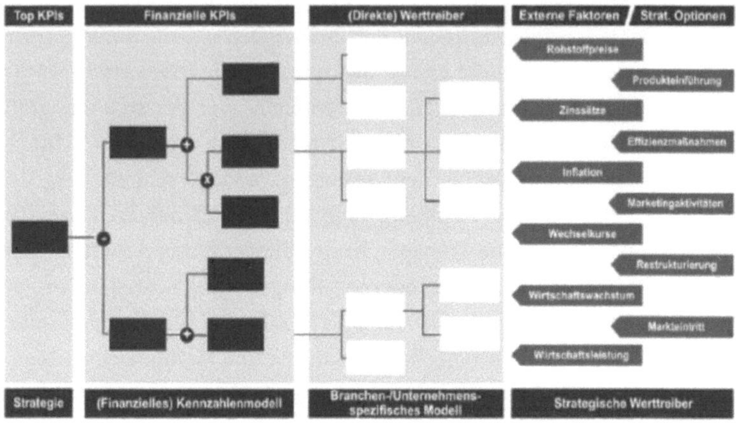

Abbildung 3: Aufbau Treiberbaum, Quelle: Gleich, Tschandl (2018), S. 195.

Sich nur auf die Werttreiber zu fokussieren reicht allerdings für ein effektives Steuerungselement nicht aus. Vielfach liegt der Fokus bei der Budgetierung auf der Planung sowie Einhaltung finanzieller Zielgrößen und nicht auf der Realisierung von strategischen Zielen. Dabei entstehen Fehlanreize wie sie im Abschnitt 2.3.2 bereits erläutert wurden. Um dem entgegenzuwirken, ist der Einsatz von relativen Maßstäben zielführend. Als Vergleichsgröße werden dann nicht Plan-Ist-, sondern Ist-Ist-Vergleiche sowie Benchmarks herangezogen. Somit sind die Manager dazu gezwungen, über ihren eigenen Bereich hinaus den Blick auf den Markt oder Wettbewerber zu richten. Folglich verändert sich auch die Konzeption der Anreizsysteme mit bspw. Peer Group Performances als Basis. Ermöglicht werden kann dies u.a. durch den Einsatz sogenannter Benefits Cases (Nutzenevaluierung). In diesen werden Initiativen bzw. Projekte mit deren Maßnahmen, Bewertungen und KPIs zur Messung von Leistungsindikatoren definiert.

---

[31] Vgl. Arrenberg (2019), S. 12ff.; Bliefert (2019), S. 27-30; Gleich, Tschandl (2018), S. 194ff. sowie Jelinek, Hannich (2009), S. 457-464.

Der darauf aufbauende Business Case ermittelt dann den geplanten Netto-Wertzuwachs, welcher schließlich auf die erwartete Performance hinzuaddiert wird. Anhand der Business Cases können die einzelnen Projekte dann im Einzelnen überwacht und gesteuert werden.[32]

4.1.2 Effizienzsteigerung in den Prozessen

Die Befragung durch das Controller-Panel hat aufgezeigt, dass der Zeitdruck für die Planung durch eine steigende Dynamik im Unternehmen und höheren Anforderungen vom Management wächst. Deswegen reicht es nicht aus,die Budgetierung durch den Fokus auf das Wesentliche zu reduzieren, sondern benötigt zusätzlich eine Optimierung der Prozesse, um schneller zu werden.[33]

In den letzten Jahrzehnten ist die System- und Prozesslandschaft enorm gewachsen. Darum ist es zunächst wichtig, eine Bestandsaufnahme der Prozesse mit ihrem Ablauf zu schaffen. Da sich viele Unternehmen jedoch dabei schwertun, ist der Einsatz von Process Mining eine vielversprechende Lösung. Im Vergleich zu klassischen Ansätzen, erlaubt Process Mining anhand von Log-Daten eine automatische Rekonstruktion und Auswertung auch von komplexeren Prozessen. Zudem ist auch eine Integration in Systeme wie das Enterprise Ressource Planning oder Supply-Chain-Management möglich. Nach der Aufbereitung prüft das Event-Log zusätzlich die Auswertung auf Vollständigkeit sowie Konsistenz bzw. Integrität der Daten und bereinigt diese bei Bedarf eigenständig. Als Ergebnis entsteht ein Ist-Modell der Prozesse, welches durch unterschiedliche Prozessdurchläufe Abweichungen zum Soll-Modell aufzeigen kann. Anhand einer darauffolgenden Ursachenanalyse können die untersuchten Prozesse optimiert werden.[34]

Gerade für mögliche Automatisierungen ist es unabdingbar, dass die Prozessschritte exakt erfasst sowie eine Standardisierung eingeführt wurde. Die Effizienz der Prozesse kann anschließenddurch den Einsatz von Robotic Process Automation (RPA) gesteigert werden. Dabei erlernt der Roboter die Tätigkeiten aus den zuvor im Detail erfassten Prozessen. Sind diese ausreichend standardisiert worden, kann dieser die manuellen Tätigkeiten dann eigenständig ausführen und somit automatisieren. Die Startup-Szene optimiert die Möglichkeiten noch weiter, damit durch den Einsatz von künstlicher Intelligenz die Technologie selbstständig

---

[32]Vgl. Arrenberg (2019), S. 12ff.; Gleich, Tschandl (2018), S. 194ff. sowie Jelinek, Hannich (2009), S. 457-464.

[33] Vgl. Schäffer, Weber (2018b), S. 16-18 sowie Waniczek et. al (2017), S. 50-56.

[34]Vgl. Reuschenbach et al. (2019), S. 8-13 sowieWaniczek et. al (2017), S. 50-56.

in der Lage ist, Ineffizienzen und Abweichungen zu erkennen sowie Prozessanalysen durchzuführen. Dadurch kann v.a. der manuelle Aufwand bei den Controllern reduziert werden, wodurch diese mehr Zeit für Interpretationen der Ergebnisse sowie zur Maßnahmen- und Entscheidungsfindung haben.[35]

Um zudem eine aussagekräftige Budgetierung treffen zu können, wird der ergänzende Einsatz von Echtzeit-Daten und -Analysen immer relevanter, da die gewonnenen Erkenntnisse schnell durch neue Informationen überholt werden. Die Umsetzung ohne den Einsatz von BA-Instrumenten ist durch die hohe Datenmenge allerdings hoch komplex, wodurch sie die Planung lahmlegen würde. Daher ist in diesem Bereich eine Automatisierung im Rahmen eines „Big Data Analytics Approach"essenziell, um diese Echtzeit-Analysen überhaupt durchführen zu können. Im Rahmen von Business Intelligence gab es nur den Einsatz von klassischen Datenbanken. Diese haben auf der Basis von gespeicherten Daten Analysen mit einfachen statistischen Verfahren durchgeführt und erst im Nachhinein Maßnahmen vorgeschlagen. Business Analytics hingegen setzt auf die Nutzung von sogenannter Stream- bzw. Datenstromverarbeitung, welche die Daten direkt während der Generierung kontrolliert und analysiert. Batch-orientierte Dateninfrastrukturen schaffen es dabei, die Massendaten innerhalb von Millisekunden mit hoher Zuverlässigkeit auszuwerten und somit quasi in Echtzeit Einblicke in die aktuelle Unternehmenslage zu erlangen. Für die Umsetzung bietet bspw. die Open-Source-Software „Apache" passende Technologien. Diese Frameworks ermöglichen dabei die schnelle Verarbeitung von großen Datenmengen. Vorteil dabei ist, dass die Technik mehrere Quellen miteinbeziehtund komplexe Datenströme auswertenkann. Zudem könnendiese Frameworks bspw. auch in Cluster-Umgebungen oder Standard-Java-Anwendungen eingesetzt werden. Diese Lösungermöglicht außerdemeine Grundlage für eine durchkünstliche Intelligenz eigenständig durchgeführte Big Data-Analyse.[36]

---

[35] Vgl. Bayer (2019), o.S.; Reuschenbach et al. (2019), S. 8-13; Schnupp, Möller(2018), S. 13-21; sowieWaniczek et. al (2017), S. 50-56.

[36] Vgl. Apache (2019), [online]; Arrenberg (2019), S. 12ff.; Ewen (2018), o.S.; Gegenmantel, Rolf (2020), S. 40-45 sowie Schnupp, Möller(2018), S. 13-21.

4.2 Grundsatz der Flexibilität

4.2.1 Verbesserte Datengrundlage

Renommierte Wissenschaftler wie Schäffer, Weber oder Horvárth sind sich einig, wie wichtig es für die Unternehmenssteuerungist, dass die Manager die richtigen Entscheidungen zur richtigen Zeit treffen können. Dafür ist es neben der zuvor beschriebenen Beschleunigung der Prozesse wichtig, dass diese auf einer verlässlichen Datengrundlage basiert. Durch den Einsatz von Big Data können große Datenmengen erfolgreich ausgewertet werden, wodurch die Datenvollständigkeit und -granularität steigt. Darunter können die Daten mit Meinungen der Stakeholder wie z.B. Kunden oder Lieferanten aus Social Media erweitert werden. Der Vorteil daraus ist ein verbessertes Gesamtbild für die Planung.Allerdings sollte berücksichtigt werden, dass die Meinungen einer Subjektivität unterliegen. Ebenso schaffen es Technologien aus dem Bereich der künstlichen Intelligenz, Zusammenhänge aus den statistischen Daten automatisch zu erkennen, aufzubereiten und kontinuierlich anzupassen. Folglich liegen der Führungsebene mehr qualitativ hochwertige Informationen für eine Entscheidungsgrundlage vor. Hat das Unternehmen dann eine hohe Datenqualität und seine Prozesse wie in Abschnitt 4.1.2 effizient gestaltet, können die Controller die Komplexität der Budgetierung bewältigen. Dies ermöglicht, dass sie zusätzlich neue KPIs definieren können, die zuvor aufgrund der Komplexität nicht umsetzbar gewesen wären.[37]

Eine Online-Befragung von Becker et al. hat ergeben, dass die meisten Controller immer noch klassische Office-Programme verwenden. Self-Service-Dashboardsermöglichen hingegen auch die Einbindung von verschiedenen Planungs-, Reporting sowie Analytics-Anwendungen. Somit enthält es einen optimalen Überblick über den gesamten Budgetierungs- bzw. Planungsprozess sowie alle relevanten Controlling-Kennzahlen mit den jeweils aktuellsten Informationen. Aufgrund der einfachen Benutzeroberfläche, können Manager eigenständig adressatenorientierte Ad-hoc-Abfragen direkt aus dem Dashboard abrufen sowiediese als schnelle und aussagekräftige Entscheidungsgrundlage nutzen. Durch die Nutzung von webbasierten Tools kann die Agilität zusätzlich gesteigert werden, da sie eine Live-Verbindung für alle Anwender schafft. So ist es auch in dezentralen Abteilungen oder Standorten möglich, aktuelle Daten direkt

---

[37] Vgl. Horváth, Gleich (2003), S. 121-148; Nasca et al. (2019), S. 78ff. sowie Schäffer, Weber (2019), S. 7-11.

aus dem zentralen Controlling Just-in-time einzusehen. Noch mehr Flexibilität bietet es, wenn das Unternehmen diese Dashboards auch auf mobilen Endgeräten anbietet und eine direkte Rückschreibung der Daten (auch von unterwegs) ermöglicht. Zudem können die Zugriffsrechte individuell begrenzt werden, damit der Fachbereich nur die für sich relevanten Daten einsehen kann. In diesem Rahmen können auch bedarfsgerechte Anpassungen der einzelnen Auswertungen, wie bspw. besondere Wünsche zur Datenvisualisierung, vordefiniert werden.[38]

4.2.2 Einsatz von Szenario-Simulationen

Durch die Nutzung und Verbindung der bisher vorgestellten Instrumente, können in Szenario-Simulationen flexibel verschiedene Inputfaktoren dargestellt und kombiniert werden.[39] „So können auf Knopfdruck verschiedene alternative Zukunftsentwicklungen (Szenarien) betrachtet und die kausalen Zusammenhänge zwischen einer Zielkennzahl und den wichtigsten Hebeln eines Geschäftsmodells besser verdeutlicht werden."[40]

Das Grundgerüst von Simulationen bietet das Basis-Szenario, mit den in Abschnitt 4.1.1 identifizierten Treibern als Einflussfaktoren. Ergänzt werden diese mit nicht beeinflussbaren Komponenten wie der Inflation. Diese Werte werden als fix angesehen und nur bei wesentlichen Veränderungen innerhalb des Unternehmens angepasst. Darauf aufbauend werden dann die einzelnen Planszenarien, wie in Abbildung 4 veranschaulicht, hinzugefügt. In diesem Bereich können die Manager die Treiber verändern oder Maßnahmen hinzufügen, um zu sehen, inwiefern sich diese auf die darauf aufbauenden KPIs bis hin zur Spitzenkennzahl auswirken. Umgekehrt kann auch der Effekt durch das Entfernen verschiedener Maßnahmen untersucht werden. Durch die Betrachtung der möglichen Szenarien erhalten Manager eine Bandbreite an Entscheidungsalternativen. Dadurch steht nicht mehr das einzelne Budget oder der fixe Plan im Fokus, sondern ermöglicht eine Verzahnung der Strategie in die operative Planung unter Berücksichtigung von den verschiedenen Chancen und Risiken.

---

[38] Vgl. Becker et al. (2013b), S. 58-62;Gegenmantel, Rolf (2020), S. 40-45 sowie Schön (2018), S. 246-249.

[39] Vgl. Gleich, Tschandl (2018), S. 196f. sowie Oehler (2020a), S. 65.

[40]Gleich, Tschandl (2018), S. 196.

Die Simulation ermöglicht dem Management somit einen Blick auf die wesentlichenPunkte und kann anhandmathematischer Verfahren die ideale Entscheidungsgrundlage heraussuchen.[41]

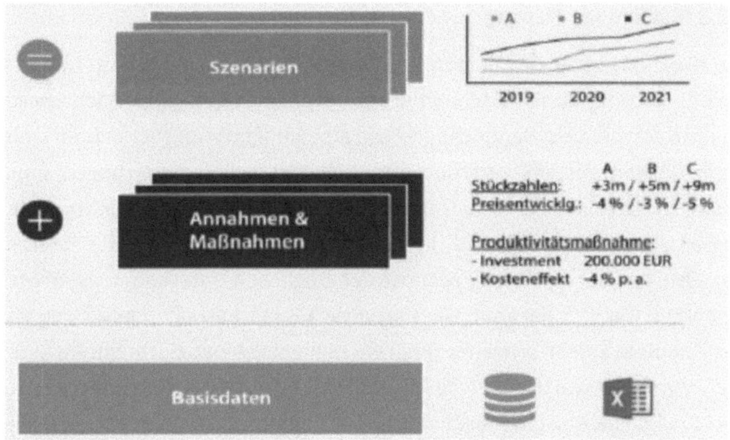

Abbildung 4: Aufbau Szenario-Analyse, Quelle: Thaler, Pierer von Esch (2020), S. 13.

Der Einsatz von maschinellem Lernen kann die Leistungsfähigkeit der Szenario-Simulationen verbessern. Das lernende Programm untersucht dabei die Inputdaten auf Zusammenhänge wie Mustern oder Regeln. Neben der oben beschriebenen „Was wäre wenn?"-Frage, die durch das Verändern der Parameter beantwortet werden kann, erlaubt diese künstliche Intelligenz noch weitere Einsatzgebiete. Die Zielwertsuche zeigt auf, was umgekehrt verändert werden muss, um einen bestimmten Wert zu erreichen. Bei der Sensitivitätsanalyse wird hingegen betrachtet, wie groß überhaupt der Einfluss gewisser Treiber auf eine bestimmte Zielgröße ist. Die Monte-Carlo-Simulation ist ein stochastisches Verfahren mit vielen gleichartigen Zufallsexperimentenals Basis und ermöglicht das Ergänzen von Abhängigkeiten sowie Verteilungsfunktionen der Parameter für die Analysen. Da bei der Budgetierung das gesamte Unternehmen in die Simulation einbezogen wird, war das Modell bisher zu komplex, um es ohne moderne Techniken zu überprüfen. Maschinelles Lernen ermöglicht dabei zusätzlich auch eine Überprüfung der Qualität sowie Eignung des Modells. Es schaut, ob die Inputdaten sowie Ursache-Wirkungsbeziehungen realistisch sind und

---

[41] Vgl. Becker et al. (2013a), S. 55-61; Gleich, Tschandl (2018), S. 194-199; Jelinek, Hannich (2009), S. 457-464; Schmitt (2011), S. 74-79 sowie Thaler, Pierer von Esch (2020), S. 8-15.

Unsicherheiten ausreichend berücksichtigt wurden. Zudem kann dieses Instrument die Aussagekraft des Modells steigern, indem es statistische Verfahren sowie neuronale Netze, anstatt eigens programmierte Entscheidungsregeln, nutzt.[42]

4.2.3 Rollierende Planung und Forecasts

Die Unsicherheit in der Planung steigt durch die hohe Volatilität in den Märkten, weil die Datengrundlage schnell durch Veränderungen geschwächt werden kann. Da die Unternehmen dennoch nicht auf eine Budgetierung verzichten wollen, muss diese flexibel gestaltet werden, um sich agil auf Veränderungen anpassen zu können. Bisher setzen viele Unternehmen ihre Budgetierung einmal im Jahr fest und passen diese zwischenzeitlich nicht mehr an. Der rollierende Forecast erlaubt hingegen eine fortlaufende Prognose der möglichen Unternehmensentwicklung. Er gibt einen Einblick darüber, was vermutlich in nächster Zeit passieren wird, unter der Prämisse keiner weiteren Eingriffe in die prognostizierte Entwicklung. Es soll die Frage beantworten, welche Ziele im Unternehmen erreicht werden sollen und deckt mögliche Abweichungen der Soll- zu den prognostizierten Wird-Werten auf. Anhand dieser Grundlage wird der Handlungsbedarf verdeutlicht. Der Rolling Forecast bildet die Basis für eine rollierende Planung, dargestellt in Abbildung 5.[43]

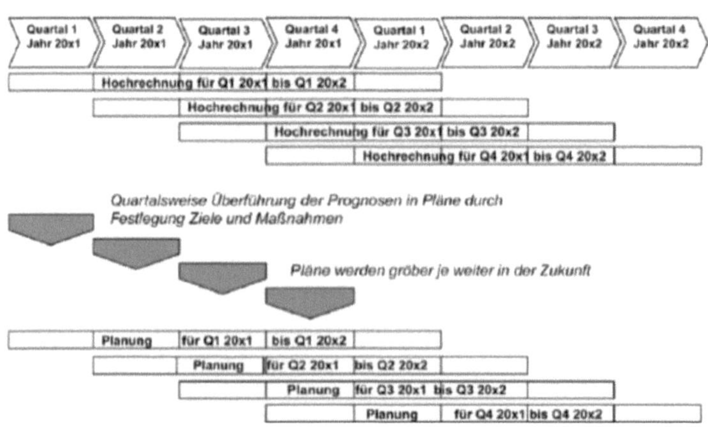

Abbildung 5: Rollierende Planung und Forecast, Quelle: Leyk et al. (2013), S. 61.

---

[42]Vgl. Bliefert (2019), S. 27-30; Nasca et al. (2019), S. 78ff. sowie Oehler (2020c), S. 22-31.
[43]Vgl. Becker et al. (2013a), S. 55-61; Leyk et al. (2013), 58-64 sowie Schöb (2015), S. 58-65.

Rollierende Planungen ermöglichen durch kürzere Betrachtungszeiträume, dassdiese Abweichungen schneller erkannt und durch Entgegensteuern bewältigt bzw. die Zielgrößen bei Bedarf angepasst werden können. Desweiteren wird durch den Einsatz das Festhalten an fixen Zeiträumen gelöst, um den Weg für einen dynamischen Führungs- sowie Steuerungsprozess zu ebnen. In welchem Turnus diese Methodik durchgeführt werden sollte, hängt v.a. von der Dynamik in den Umweltentwicklungen der Unternehmen ab. In der Handelsbranche eignet sich aufgrund der Schnelllebigkeit der Produkte bspw. ein Zeithorizont von wenigen Wochen, wohingegen es bei Industriebetrieben auch länger sein kann. Der Inhalt und Detaillierungsgrad hängt ebenfalls stark von den Steuerungsbedürfnissen ab.In der Umsetzung ergaben sich jedoch in den vergangenen Jahren auch einigeHindernisse, darunter der hohe Prognose- und Planungsumfang. Aus diesem Grund ist es wichtig, dass die rollierende Planung in Kombination mit anderen Möglichkeiten von BA, wie u.a. den Aufwand der Planung auf die wichtigsten Kennzahlen zu reduzieren und bestenfalls zu automatisieren sowie die Prognosegüte zu verbessern (siehe Kapitel 4.1 und 4.3), umgesetzt wird.[44]

4.3 Steigerung der Prognosegüte

4.3.1 Einsatz von statistischen und stochastischen Methoden

Barkalov warnt in seinem Buch „Effiziente Unternehmensplanung - weniger Aufwand, mehr Flexibilität, mehr Geschäftserfolg" davor, dass der Einsatz von BA keine genaue Vorhersage der Zukunft ermöglicht. Die Unsicherheiten und Wahrscheinlichkeiten bestimmter Ausprägungen können jedoch damit besser erfasst werden. Um diese Verbesserung der Voraussage zu erzielen, bietet sich die Einbindung von statistischen sowie stochastischen Methoden an. Mit Business Analytics gehen die statistischen Verfahren über eine Hochrechnung der Vergangenheit, durch quantitative Prognosemethoden wie gleitende Durchschnitte, exponentielle Glättungen oder Regressionen, hinaus. Dabei spielt Big Data eine bedeutende Rolle. Um die Aussagekraft zu verstärken, ist die Ergänzung von externen Daten erforderlich, da sich Risiken und Veränderungen für die Planungsgrundlage meist dort ergeben. Je höher die Anzahl der verfügbaren Daten ist, desto genauer ist im Endeffekt auch die Wahrscheinlichkeitsbewertung.[45]

---

[44] Vgl. Becker et al. (2013a), S. 55-61; Bründermann (2014), S. 15-24 sowie Leyk et al. (2013), 58-64.

[45] Vgl. Barkalov (2015), S. 99-106 sowie Leyk et al. (2013), S. 71-90.

Bei der traditionellen Planung werden mit diskreten Werten Annahmen, meist basierend auf Erfahrungswerte, für mögliche Werttreiber getroffen. Da diese Hypothesen jedoch nur einen eingeschränkten Wertebereich abbilden, kann nur eine begrenzte Anzahl an möglichen Entwicklungen abgebildet werden. Extremszenarien, wie bspw. die Covid-19-Pandemie, bleiben davon ausgeschlossen. Folglich ist die Aussagekraft nur begrenzt vorhanden. Durch den Einsatz von Monte-Carlo können Simulationen auf Grundlage der Wahrscheinlichkeitsverteilungen von den zuvor identifizierten Treibern mit stochastischen Werten angereichert werden. Wenn die Simulationsdurchläufe oft genug wiederholt werden, kann die Simulation auch unwahrscheinliche Szenarien und deren Zusammenhänge aufdecken. Somit generieren die Analysten keine einzelnen Werte, sondern eine Zielgrößenverteilung durch die Kombination eines deterministischen Treibermodells mit den Wahrscheinlichkeitsverteilungen jedes einzelnen Treibers (siehe Abbildung6). Die Verteilung der Zielgrößen von einem potentiellen Worst-bis hin zum Best-Case ermöglicht eine grundlegende Analyse der Vorhersage. Des Weiteren ermöglichen statistische Verfahren Berechnungen von Korrelationen. Die Monte-Carlo-Simulation erlaubt also nebeneiner höheren Prognosegenauigkeit einzelner Variablen auch eine transparente Entscheidungsgrundlage zur Erreichung der Unternehmensziele. Wichtig für eine langfristige Nutzung der Simulation, ist das Anpassen der Prämissen des Modells an mögliche Veränderungen. Ein Nebeneffekt daraus kann sein, dass durch die erhöhte Transparenz auch das Vertrauen der Manager in die Planung wieder wächst und die Chance auf eine tatsächliche Umsetzung der verfolgten Strategie steigt. Gerade bei Unternehmen mit komplexen Strukturen ist jedoch wichtig, dass es Manager oder Analysten gibt, die das notwendige Knowhow besitzen, die Treiber und bereichsübergreifenden Zusammenhänge zu erkennen.[46]

---

[46] Vgl. Andersen, Klingspor (2012), S. 22-27; Barkalov (2015), S. 99-106; Krefeld, Hans (2018), S. 37-40 sowie Oehler (2020a), S. 65-72.

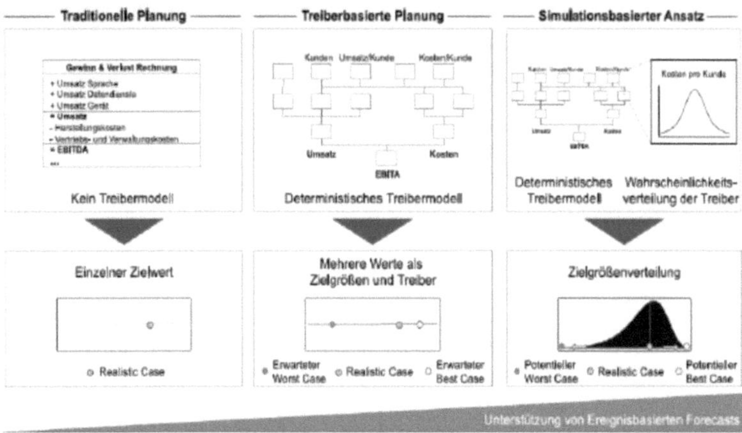

Abbildung 6: Von der traditionellen Planung zum simulationsbasierten Ansatz, Quelle: Andersen, Klingspor (2012), S. 27.

4.3.2 Einsatz von Predictive Analytics

Der Einsatz von Predictive Analytics ermöglicht anhand einer Bündelung von weiteren Methoden, die Prognosegüte noch weiter zu verbessern. Aus der Sammlung von historischen Unternehmensdaten, angereichert mit externen Informationen, untersucht Predictive Analytics diese auf wiederkehrende Muster und entschlüsselt Ursache-Wirkungs-Beziehungen.Um aus den historischen Daten Rückschlüsse für die Zukunft generieren zu können, werden u.a. Regressions- sowie Zeitreihenmodelle im Rahmen von Data Mining verwendet. Aufgrund der zunehmenden Komplexität können die Erkenntnisse jedoch erst mit Verzögerung in der Planung berücksichtigt werden, wodurch der Einsatz von Echtzeit-Analysen (siehe Abschnitt 4.1.2) notwendig wird. IBM bietet bspw. moderne Planungssysteme an, die diese prädiktiven Modelle in die Planungsprozesse integriert. Durch den Einsatz von zeitreihenanalytischen Verfahren können dabei Prognosen von bestimmten Variablen aufgrund von erkannten Mustern und Wirkungsbeziehungen erstellt werden. Daraus kann im Gegensatz zu einfachen statistischen Methoden ein Zielkorridor erzeugt werden. Bis dato verwenden viele Manager noch eindeutige Werte, die bei einer Vorschau hingegen als Entscheidungsgrundlage kaum sinnvoll sind, da es nicht nur eine mögliche Entwicklung gibt. Zudem leidet die Aussagekraft darunter, dass sich die Zukunft nicht zwingend aus vergangenheitsorientierten Strukturmustern abzeichnen lässt. Gerade in volatilen Märkten spielen unberücksichtigte Faktoren eine immer stärkere Rolle und werden, wie in Kapitel 2.3 beschrieben, bei der traditionellen

Planung nicht berücksichtigt. Aus diesem Grund sollten die Analysen nicht nur durch verbesserte Systeme eingesetzt werden, sondern auch auf moderne Technologien zurückgreifen.[47]

Erfolgsversprechend dabei ist v.a. die Nutzung von maschinellem Lernen. Es geht im Vergleich zum Zeitreihenmodell nicht um einzelne Variablen und wie sich diese innerhalb von einer gewissen Zeit verhalten, sondern vielmehr um kausale Zusammenhängevon unterschiedlichen Einflussfaktoren (siehe Abbildung7). Für die Mustererkennungen werden zwar ebenfalls historische Daten genutzt, diese werden dann allerdings mit aktuellen Unternehmens- und Umweltinformationen ergänzt. Das Anlernen erfolgt u.a. über Algorithmen wie z.B. künstliche neuronale Netze, Support Vector Regressionen oder einem Random Forest. Dadurch können auch bspw. Produkte mit kurzen Zeitzyklen, durch Erkennung von Ähnlichkeiten zu bereits länger eingeführten Produkten, erkannt und daraus Anlaufkurven abgeleitet werden. Außerdem kann die Maschine menschliche Verzerrungen eliminieren, unter der Prämisse, dass sie mit objektiven Regeln angelernt wurde. Ein weiterer Vorteil des Einsatzes von maschinellem Lernen ist die Reduktion des Aufwands, da Roboter den Prognoseprozess automatisieren können. Jedoch ist hierfür eine ausreichende Datenlandschaft mit hoher Qualität durch Big Data im Unternehmen notwendig (siehe Abschnitt 4.2.1). Somit ist es im Nachgang möglich, die Vorausschau detailliert bis auf die Einzelebenen zu gestalten, was im Vorfeld aufgrund der hohen Komplexität nicht möglich war. Die Erkenntnisse können schließlich u.a. für eine frühzeitige Abweichungsanalyse oder als Startschuss der neuen Budgetierungsphase genutzt werden.[48]

---

[47] Vgl. Barkalov (2015), S. 99-106; Gleich, Tschandl (2018),S. 177-186 sowie Krefeld, Hans (2018), S. 37-40.

[48] Vgl. Gleich, Tschandl (2018),S. 91-101; Krefeld, Hans (2018), S. 37-40; Oehler (2020a), S. 65-72 sowie Thiele (2019), S. 43-46.

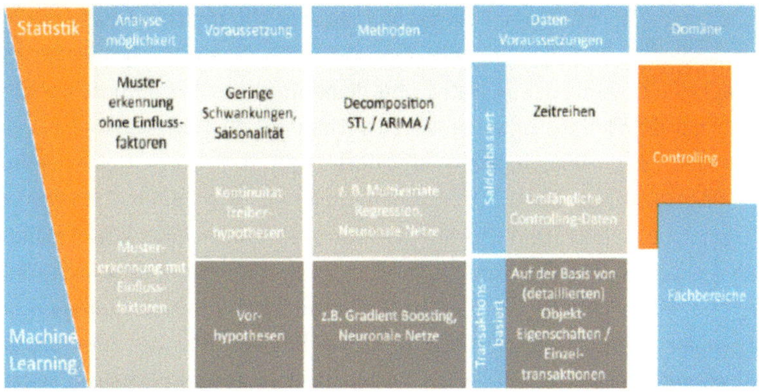

Abbildung 7: Unterschied Machine Learning zur Statistik, Quelle: Oehler (2020a), S. 68.

4.4 Grundsatz der Integration

Allein durch die vielseitigen Möglichkeiten der Digitalisierung im Controlling durch z.B. den Einsatz von Big Data, maschinellem Lernen und Szenario-Simulationen, ist eine unternehmensübergreifende Transformation notwendig, um alles miteinander zu integrieren. Dabei ist es wichtig, dass es einen ganzheitlichen Ansatz zur Unternehmensplanung gibt, der von der strategischen Planung bis hin zu den operativen Maßnahmen in den jeweiligen Bereichen reicht. Laut einer Gemeinschaftsstudie von BARC und dem ICV, hat in der Vergangenheit jede Fachabteilung ihre eigene Speziallösung für ihre Planungsprobleme eingeführt. Diese waren zudem meist nicht kompatibel mit Cloud-Lösungen. Folglich entstanden undurchschaubare Systemlandschaften, was dazu führte, dass die Daten isoliert bzw. fragmentiert waren und somit keinen transparenten Einblick ermöglichten. Es ist daher umso wichtiger, durch die Integration eine einheitliche Datengrundlagemit einer übergreifenden Auswertungslogik zu schaffen. Für eine gemeinsame Strategie ist die Integration der einzelnen Daten aus unterschiedlichen Quellen notwendig. Dabei kann das Wissen von wechselseitigen Abhängigkeiten, durch Technologien wie maschinellem Lernen oder statistischen Modellen, genutzt werden. Nur so wird ermöglicht, dass das Management die Transformation sowie deren Anforderungen bestmöglich umsetzen kann.[49]

Ebenso hat die Gemeinschaftsstudie herausgefunden, dass in den meisten Unternehmen die verschiedenen Planungen, wie bspw. die finanzielle mit der

---

[49]Vgl. Apache (2020) [online]; Günther, Schomaker (2012), S. 18-30; o.V. (2015), S. 10-18; Schlösser et al. (2019), S. 71ff. sowie Tucker (2020), S. 32-39.

funktionalen, nicht miteinander verbunden sind. Dadurch sind diese folglich nicht ineinander überleitbar und die Aussagekraft schwindet. Connected Planning ermöglicht es, Mitarbeiter, Daten und Pläne über das Gesamtunternehmen oder sogar darüber hinaus miteinander zu verbinden. Wichtig ist dabei, v.a. die Silos innerhalb der Unternehmen aufzubrechen, um somit eine einheitliche Planungsgrundlage für das Gesamtunternehmen zu schaffen. Dadurch wird die Zusammenarbeit der Bereiche gestärkt und es kommt zu einer höheren Flexibilität und Aussagekraft in der Planung. Durch gemeinsame Planungsrunden gibt es eine größere Fokussierung auf die strategischen Ziele des Unternehmens und die Controller nehmen verstärkt die Rolle des Business Partners ein. Ein weiterer Vorteil der Transformation, ist die Möglichkeit einer Mehrdimensionalität in der Planung. Durch das Hinzufügen weiter Dimensionen aufgrund mehrerer Analysemethoden, wird die Aussagekraft der Daten und Auswertungen gesteigert. Die Anzahl der einzusetzenden Dimensionen sind dabeidurch die vorgestellten Technologien unbegrenzt verfügbar.[50]

Um die Vorteile von Connected Planning im Unternehmen zu implementieren, werden die einzelnen Dimensionen in Verbindung mit modernen Datenbanken auf einer In-Memory-Datenbank integriert. Dies erlaubt eine Skalierbarkeit sowie eine Automatisierung. Die Plattform kann weiterhin mit anderen Cloud-Technologien kombiniert werden. Durch die Mischung von OLAP-Lösungen, mit den meist bereits vorhandenen ERP-Systemen, wird das Ganze in einer bereits gewohnten Tabellenkalkulationsumgebung dargestellt, sodass die Mitarbeiter keine weiteren Qualifikationen für die Nutzung benötigen. Somit wird durch die Integration der Planungsprozess flexibler und einfacher. Für die Verarbeitung der großen Datenmengen ist ein funktionierendes Data Warehouse System essenziell und bildet die Grundlage für eine optimale Verarbeitung davon (siehe Abschnitt 4.1.2 und 4.2.1). Des Weiteren erfordert die Implementierung eines solchen Verfahrens fundierte Kenntnisse über die Systemlandschaft und Struktur des Unternehmens, welches durch die Methoden aus Kapitel 4.1.2 geschaffen wird.[51]

---

[50]Vgl. ebd.

[51]Vgl. Gleich, Tschandl (2018), S. 166-171; Günther, Schomaker (2012), S. 18-30; Kohlmann (2015), S. 42-47; Krefeld, Hans (2018), S. 37-40 sowie Tucker (2020), S. 32-39.

5 Stand der Praxis

5.1 Stand in Deutschland

5.1.1 Grundsatz der Einfachheit

In einer Studie von Nasca et al. von 2018 kam bei einer Online-Befragung heraus, dass nur 55% der Unternehmen ihren Budgetierungsprozess als einfach bezeichnen würden. Im Rahmen des Controller-Panels wird zudem der steigende Druckin der Planung verdeutlicht, da die Budgetierung bereits jetzt im mittleren Rahmen von Zeitdruck und Frequenz liegt, Tendenz steigend. Unternehmen wie UBS, ETO Nahrungsmittel oder Steag setzen zur Verringerung des Aufwands auf die Reduktion der Detaillierungstiefe oder Abstimmungsrunden.Infineon ergänzt dementgegen ihre Planung mitdem Instrument eines simulationsgetriebenen Treibermodells namens „Dynaplan Smia", um einen Blick auf das Wesentliche in ihrem komplexen, innovationsgetriebenenMarkt zu erhalten. Es basiert auf der Methodik von System-Dynamics und ist mit SAP BW gekoppelt. Dies ermöglicht eine schnelle Integration verschiedener Daten und stellt auf Basis von Bestandsgrößen aus der GuV die Treiber als Flussgrößen dar. Durch das Verändern der Werttreiberbetrachtet Infineon die möglichen Auswirkungen. Zusätzlich ermöglicht ihr Modell ein Ergänzen von weiteren Dimensionen, ein Wechsel zwischen den verschiedenen Aggregationsstufen sowie schließlich eine granulare Analyse. Zur besseren Visualisierung hat Infineon mehrere Submodelle und Dashboards eingeführt, um die relevanten Daten adressatenbezogen darzustellen. Die Implementierung war so erfolgreich bei Infineon, dass sie sich mittlerweile überlegen, auf die Detailplanung zu verzichten und allein das Treibermodell für kurzfristige Entscheidungen nutzen. Mit einem ähnlichen Prinzip gestaltete die Ensinger Gruppe ihre Planung neu und hat durch eine Fokussierung auf die wesentlichen Treiber ihren Planungsprozess stark vereinfachen können.[52]

Das Controller-Panel hat zudem festgestellt, dass eine Schnelligkeit in der Budgetierung v.a. durch eine Automatisierung erfolgen kann. Hier sind sich die Controller einig, dass dieser Hebel einen Einfluss mit 36% auf eine Leistungssteigerung und somit schlussendlich auf den Unternehmenserfolg hat. Der mögliche Automatisierungsgrad wird bei der Budgetierung dabei im Mittelfeld eingeordnet. Grundlage für keine höhere Einschätzung ist, dass den Controllern

---

[52] Vgl. Federmann et al. (2020), S. 28-35; Friedinger, Altendeitering (2015), S. 32-35; Graf, Schmitz (2018), S. 29-36; Horváth, Gleich (2003), S. 555-569, 623-648; Nasca et al. (2018), S. 37-46 sowie Waniczek et al. (2017), S. 50-56.

meist eine einheitliche Standardisierung sowie Protokollierung der Budgetierungsprozesse fehlt, was jedoch für eine Automatisierung essentiell ist. Notwendig ist eine Optimierung der Prozesse lt. Schäffer und Weber v.a. bei ursprünglich sehr stabilen Branchen wie bspw. Energie oder Finanzdienstleistungen, da dort die Abläufe oftnoch veraltet sind.Aufgrund eines hohen händischen Aufwands bei der Dateibefüllung von Ist- und Planwerten sowie den daraus resultierenden Übertragungsfehlern, hat die Ensinger-Gruppe eine neue Planungssoftware eingeführt.Dabei werden die Daten zentral importiert und müssen nur noch - falls notwendig - angepasst werden. Die Planwerte können dann ermittelt und anhand von Verteilungsschlüsseln automatisch auf die operativen Ebenen zugewiesen werden. Des Weiteren ermöglicht diese neue Software eine automatische Synchronisation der Teilpläne, was Wartezeiten sowie Ressourcen für interne Abstimmungen verringert. Diese Implementierung hat es Ensinger ermöglicht, dass sich ihr Controlling wieder vermehrt wertschöpfenden Tätigkeiten widmen kann. Auch Unternehmen wie Henkel haben die Notwendigkeit der Prozessoptimierung erkannt. Dafür musste das Unternehmen jedoch zuerst die Daten und Prozesse als Grundlage für Automatisierungen standardisieren. ETO Nahrungsmittel konnte z.B. durch neue EDV-technische Unterstützungen 50% ihrer genutzten Ressourcen einsparen.[53]

Auch die Auswertung der Experteninterviews hat ergeben, dass die aktuelle Dauer im Durchschnitt 3,75 Monate beträgt (siehe Abbildung 8). Diese zu hohe Dauer bzw. Aufwand ist mit einheitlicher Meinung auch der größte Kritikpunkt an ihrer aktuellen Budgetierung. Das Gesamtbild zeigt, dass alle befragten Unternehmen grundsätzlich das Prinzip der traditionellen Budgetierung beibehalten haben. Die einzelnen Abteilungen stellen ihre Budgetanträge, die mit dem Top-down-Plan auf strategischer Ebene in Einklang gebracht werden. Nur E4 gab an, zusätzlich Treibermodelle anzuwenden, um sich auf die wesentlichen Größen zu konzentrieren. Die Interviews haben allerdings gezeigt, dass alle Unternehmen ihre Budgetierung durch Automatisierung sowiemoderne Technologien vereinfachen wollen. Laut eigenen Angaben haben die vier Unternehmen jedoch ihren Budgetierungsprozess gerade ein-mal zu 16% automatisiert. Wobei der angegebene Wert sehr subjektiv zu betrachten ist. Abbildung 9 zeigt, dass bspw. E2 sowie E3 als Grad ihrer Automatisierung 25% angegeben haben, wobei E3 im

---

[53] Vgl. Graf, Schmitz (2018), S. 29-36; Horváth, Gleich (2003), S. 469-493, 555-569; Schäffer, Weber (2018b), S. 16-23 sowie Waniczek et al. (2017), S. 50-56.

Vergleich zu E2 deutlich mehr Technologien einsetzt (siehe Abbildung 10) und zudem bei E2 noch keine Standardisierung als Basisvorhanden ist. Im Vergleich dazu ergab sich im WHU Digitalization Pulse Check, dass die dort befragten Unternehmen mit Stand 2018 zu 7% ihre Budgetierung automatisiert haben, diesen Wert allerdings bis in fünf Jahren auf 50% steigern wollen.[54] Die Ergebnisse, der hier durchgeführten Interviews, scheinen daher realistisch zu sein, wobei sich die Unternehmen noch deutlich steigern müssten, um das Ziel der 50% bis2023 zu erreichen.

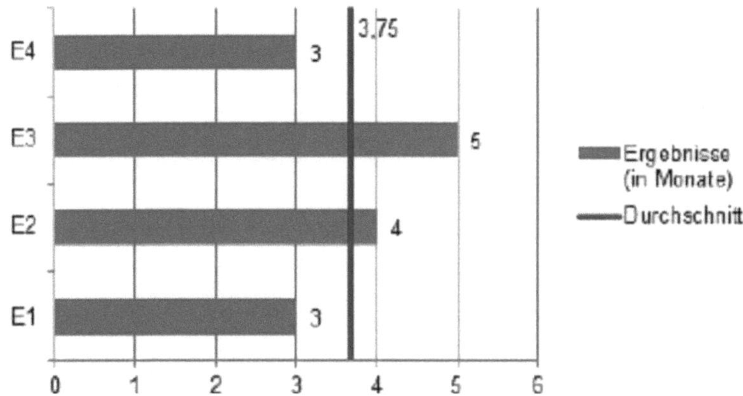

Abbildung 8: Dauer der aktuellen Budgetierung

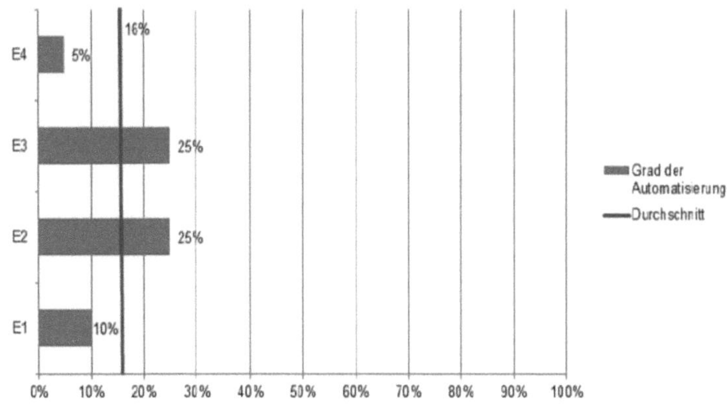

Abbildung 9: Grad der Automatisierung

---

[54] Vgl. Schäffer, Weber (2018b), S. 16-23.

5.1.2 Grundsatz der Flexibilität

Der Zeitdruck wird zusätzlich durch eine starke Zunahme v.a. bei Ad-hoc-Anfragen wie Analysen, Simulationen oder Forecasts verstärkt. Untersuchungen von Schäffer und Weber haben zwar aufgezeigt, dass diese in einigen Unternehmen bereits innerhalb von 2 Tagen verfügbar sind, jedoch meist nicht mit Ist-Daten oder den Möglichkeiten von Big Data versehen sind. Die Notwendigkeit von Realtime Informationen, über den Stand im und außerhalb des Unternehmens in einer möglichst hohen Qualität, wird dem Management daher immer wichtiger. Periodenbezogene Auswertungen, wie sie bisher üblich waren, verlieren im Gegensatz dazu immer mehr an Bedeutung. Eine höhere Flexibilität in der Planung bringt gleichzeitig eine steigende Frequenz mit sich, wodurch die Kapazität im Controlling an ihre Grenzen stößt. Wurden diese Bereiche nicht durch die Aspekte aus Kapitel 4.1 entlastet, gibt es kaum noch Chancen für eine Agilität in den Unternehmen. Umso wichtiger ist es heute sowie erst Recht in der Zukunft flexibel auf Änderungen, im Unternehmen oder externen Umfeld, agieren bzw. sich anpassen zu können. Dieser Mangel bestätigt auch die Studie von Nasca et al., da nur 53% der befragten Personen angaben, dass ihre Budgetierung flexibel ist.[55]

Der Volkswagen-Konzern setzt bspw. immer noch auf die Grundlage einer fixen Budgetierung, welcheeinmal im Jahr für die komplette Periode verabschiedet wird. Lediglich eine revolvierende Kurzfristplanung soll eine Vorausschau der kommenden drei Monate gewähren, um kurzfristig Gegenmaßnahmen einleiten zu können. Die Ziele aus der Budgetierung sollen hierbei jedoch unverändert bleiben. Bayer MaterialScience versucht ebenfalls die Flexibilität in der Budgetierung durch rollierende Forecasts zu steigern. Aus der strategischen Planung werden die Maßnahmen dabei als Budgeteffekte in Kombination mit den Forecasts als Grundlage für die Budgetierung genommen. Dennoch klagen beide Konzerne über die Komplexität und Volatilität der Planung, die sich auch durch ihren rollierenden Forecast, der vereinfacht in Excel dargestellt wird, nicht bewältigen lässt. Um die Risiken sowie mögliche Änderungen berücksichtigen zu können, setzen beide Unternehmen verstärkt auf die Nutzung von modernen Szenario-Simulationen.VW identifiziert dabei die kritischen Parameter anhand Sensitivitätsanalysen und nutzt die Szenarien zur Entscheidungsfindung mit Tools wie „PROSIM" oder „PROLIFE" auf Grundlage der Treiberlogik. Bayer hingegen baut bewusst externe Faktoren mit ein, die ebenfalls in Szenario-Simulationen analysiert werden können.

---

[55] Vgl. Nasca et al. (2018), S. 37-46 sowie Waniczek et al. (2017), S. 50-56.

Damit die Manager die Informationen direkt verfügbar haben, werden die Ergebnisse bei Bayer in einem Onlineportal zur Verfügung gestellt. Die DB Reise & Touristik AG hat ebenfalls ein Projekt zur Verbesserung ihres Planungssystems gestartet. „MEMFIS PRO" soll dabei quasi in Echtzeit die Ist-Daten, gekoppelt mit aktuellen Marktdaten, ableiten und in einer auf OLAP aufgebauten Simulationsplattform bereitstellen.[56]

Die Erkenntnisse aus den Experten-Interviews zeigen, dass beinahe alle Unternehmen möglichst schnell auf Veränderungen reagieren wollen. Abbildung 10 zeigt, dass jedoch nur E1 Szenario-Simulationen sowie E3 Self-Service-Dashboards für eine agile Entscheidungsgrundlage nutzen. Immerhin werden externe Daten in der Hälfte der Unternehmen für die Budgetierung berücksichtigt. Eine Analyse in Echtzeit hat jedoch noch keiner der Experten in seiner Planung umgesetzt. Insgesamt ergibt sich aus den Aussagen im Gesamtbild, dass keines der Unternehmen mit seiner aktuellen Flexibilität ausreichend zufrieden ist.

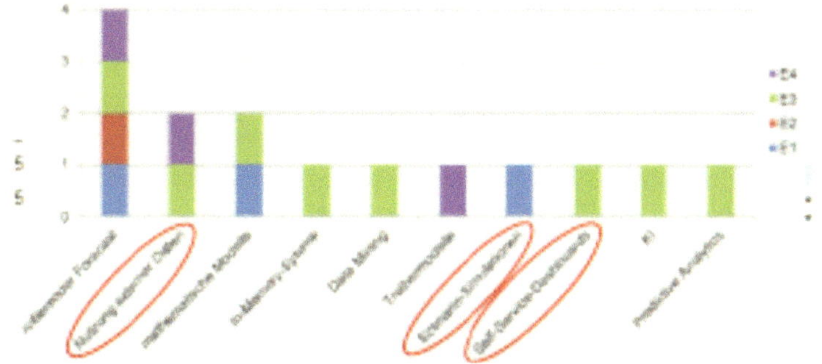

Abbildung 10: Welche Instrumente werden eingesetzt?

5.1.3 Steigerung der Prognosegüte

Untersuchungen der Prognosegenauigkeit von Rieg haben ergeben, dass die Aussagekraft im Zeitablauf immer geringer wird und diese Entwicklung,mitoft hohen Abweichungen, von vielen Unternehmen nochunterschätzt wird.[57] Bereits 1984 haben Mentzer und Cox auf dieses Phänomen aufmerksam gemacht und aufgezeigt, dass die Abweichung der Ist- zu den Prognosewerten bei einer Planung zwischen 3 Monaten bis 2 Jahren bei 11% liegt.[58]Grund dafür war meist eine

---

[56]Vgl. Becker et al. (2013a), S. 55-61 sowie Horváth, Gleich (2003), S. 451-467, 583-607.

[57] Vgl. Rieg, (2018), S. 22-28.

[58] Vgl. Mentzer, Cox (1984), S. 27-36.

mangelhafte Prozess- oder Datenqualität,welche allerdings durch Technologien aus dem Bereich BA die Planungsgüte in den Unternehmen erhöhen konnte (siehe Kapitel 4.3).[59] „Immerhin setzt sich bereits jedes vierte Unternehmen mit einer automatisierten, maschinengestützten Ableitung von Vorschaudaten auseinander. Zwar nutzen bis dato nur knapp neun Prozent Predictive Analytics, es befinden sich aber bereits 15 Prozent in der Vorbereitungsphase, womit eine relativ rasche Anwendung zu erwarten ist."[60] Auch in bereits sehr hoch digitalisierten Unternehmen wie Bayer, die u.a. ihre Prozesse vielfach automatisiert sowie BI-Plattformen inklusive Szenariotechniken und Sensitivitätsanalysen eingeführt haben, sind die Predictive-Ansätze erst noch in der Entwicklungs- und Testphase.[61] Bayer möchte jedoch bewusst schnell an einer Einführung arbeiten, da sie diese Ansätze bereits in naher Zukunft als sehr vielversprechend ansehen.[62]

Die Umfrage der Experten hat ebenfalls ergeben, dass die Verbesserung der Prognosegüte scheinbar keine Priorität in ihrem Transformationsprozess hat. Während die meisten Unternehmen sich auf die Vereinfachung vonProzessen konzentriert haben, wurde die Aussagekraft der Vorausschau nur einmal von E1 erwähnt. Darin ging es allerdings nur um die Ableitung saisonaler Entwicklungen aus vergangenheitsorientierten Daten und keinen Einbezug von Markt- oder Ist-Datensätzen. Immerhin setzt E1 sowie E3 bereits auf die Einbindung von statistischen und mathematischen Modellen (siehe Abbildung 10), was E1 bei seinem zuvor genannten Wunsch für die Prognose von saisonalen Entwicklungen jedoch noch nicht ausreichend hilft. Fraglich ist daher, inwieweit die Möglichkeiten dieser Modelle in der Praxis tatsächlich ausgeschöpft werden. Bei der Frage nach dem Einsatz von Predictive Analytics bestätigte davon immerhin E3 die Nutzung.

5.1.4 Grundsatz der Integration

Der VWKonzern hat verstanden, wie wichtig eine einheitliche Planungsebene für das Gesamtunternehmen ist. Aus diesem Grund hat Volkswagen die Planung für alle vereinheitlicht, um sicherzustellen, dass die strategischen Ziele in der operativen Ebene umgesetzt werden. Dafür war zudem eine Integration der einzelnen Informationen in eine zentrale Datenlandschaft notwendig. Auch die Ensinger Unternehmensgruppe hat ihre Planung neugestaltet. Neben der

---

[59] Vgl. Nasca et al. (2018), S. 37-46.
[60] Waniczek et al. (2017), S. 50-56.
[61] Vgl. Schildmeyer, Horváth (2018), S. 72-76.
[62] ebd.

Implementierung einer modernen Software, wollten sie v.a. Connected Planning einführen. Bisher hatte das Unternehmen damit zu kämpfen, dass die einzelnen Methoden verschiedene Ziele anstreben und es somit zu einer inkonsistenten Planung kam. Aus diesem Grund hat Ensinger für ihre Neuplanung klare Integrationspunkte und ein homogenes Datenmodell definiert. Damit konnten sie wesentliche Vorteile für sich generieren. Nun bildet der aktuellste Rolling Forecast die Grundlage für die weitere strategische Planung. Währenddessen wird der Forecast anhand der identifizierten Werttreiber weiter fortgeführt. Die strategischen Zielgrößen aus dem ersten Geschäftsjahr fließen in die Budgetierung mit ein. Dort werden die Vorgaben detaillierter ausgeführt und nur bei grundlegenden Veränderungen angepasst. Mit diesen Daten startet wiederum die neue Planungsphase. Henkel hat ebenfalls neben der Einführung von Connected Planning eine verbesserte und einheitliche IT-Infrastruktur geschaffen. Mit dem Projekt „TOPAS" (Top Accounting and Planning System) schafft Henkel einen zentralen Datenpool, mit dem Ziel einer Vereinfachung des Datenaustauschs sowie einer homogenen Systemlandschaft und Datengrundlage. Das Unternehmen Bayer hatte in den vergangenen Jahren v.a. mit der Integration von Monsanto zu kämpfen, die ihre eigene Systemlandschaft hatten. Um sich dafür gut vorzubereiten, hat Bayer bereits im Vorfeld auf die SAP-Hana-Welt sowie einer data.one BI-Plattform gesetzt, um die Systeme und Daten schnell zu integrieren. Neben den vielen Praxisbeispielen zeigt auch die Studie von Nasca et al. auf, dass die Unternehmen bereits mit einem Grad von 62% integriert sind.[63]

Die befragten Experten gaben an, dass die Integration und Datenqualität in ihrem Unternehmen noch nicht ihren Ansprüchen genügt. Sie erhoffen sich zwar größtenteils eine Verbesserung der Qualität durch den Einsatz von BA, allerdings wurde dies noch nicht in ihrem Unternehmen umgesetzt. Deutlich wird dies v.a. bei E2, da es dort keine einheitliche Planungsgrundlage gibt. Die einzelnen Niederlassungen haben ihr eigenes Buchhaltungssystem sowie daraus resultierend auch für die Planung. Durch das manuelle Zusammentragen der einzelnen Versionen muss das Unternehmen nicht nur Übertragungsfehler in Kauf nehmen, sondern verliert auch deutlich an Transparenz. Dies kann wiederum zur Ausnutzung von den einzelnen Niederlassungs- und Regionsleitern kommen, die z.B. Puffer bilden. Auch der E4 gibt an, dass die einzelnen Bereiche in ihren

---

[63] Vgl. Graf, Schmitz (2018), S. 29-36; Horváth, Gleich (2003), S. 451-493; Nasca et al. (2018), S. 37-46 sowie Schildmeyer, Horváth (2018), S. 72-76.

Budgetanträgen nur angeben, ob sie Änderungswünsche haben oder ob sie die bisherigen Budgets behalten möchten. Dadurch wird das Silodenken verstärkt, weil es durch die nicht vorhandene Integration der einzelnen Bereiche untereinander sowie einer fehlenden Koppelung zur Strategie keinen Anreiz für Kostenoptimierungen seitens der Manager gibt. Die Integration scheint daher für die befragten Unternehmen allesamt noch ein Hindernis in ihrer Budgetierung zu sein, auch wenn bis auf E2 dies nicht explizit angegeben wurde.

5.2 Stand im Ausland

Die Planung wird v.a. durch kulturelle Unterschiede geprägt. Unternehmen mit einem hohen Grad an einer Unsicherheitsvermeidung, werden sich in der Budgetierung eher unwohler fühlen, als welche mit einer geringeren Ausprägung. Das liegt daran, dass durch den Versuch der Reduktion von Unsicherheiten jene Unternehmen bereit sind, viele Ressourcen für eine detaillierte Planung sowie einer Definition von klaren Regeln einzubinden und weniger offen für Neues sind. In Kulturen mit einer hohen Machtdistanz wird außerdem die Erstellung von Budgets einfacher, da dort die Mitarbeiter in die Prozesse nicht eingebunden werden. Im Vergleich zu Deutschland, mit einem hohen Grad der Unsicherheitsvermeidung, interessieren sich Länder wie die USA, aufgrund einer niedrigeren Ausprägung, weniger für die Budgetierung und eine mögliche Weiterentwicklung davon. Grund dafür ist, dass sie in ihrer operativen Planung nicht ins Detail gehenund dadurch die Kritikpunkte der traditionellen Budgetierung schwächer ausgeprägt sind. Folglich ist es auch schwer, eindeutige Studien oder Praxisbeispiele in solchen Ländern zu finden. Die Zustimmung für Business Analytics ist in diesen Ländern hingegen grundsätzlich sehr hoch. Die USA bestätigt die Popularität dort mit 80%iger Zustimmung und auch in Ländern wie Großbritannien sowie den Niederlanden ist diese mit jeweils 67% stark ausgeprägt.[64]

Dennoch gibt es einige wenige Unternehmen, die ihre Weiterentwicklung der Budgetierung veröffentlicht haben, dazu zählen z.B. „Bali State Polytechnic"sowie der russische Staat. Bali State Polytechnic hat festgestellt, dass v.a. das Vertrauen der Anwender für die erfolgreiche Implementierung einer neuen Software notwendig ist und hat folglich ein Technologieakzeptanzmodell eingeführt, das sich auf die individuellen Bedürfnisse der Nutzer anpassen lässt. Auch die russische

---

[64] Vgl. Barkalov (2015), S. 99-102 sowie Hofstede, G. H. (2011), S. 49ff.

Regierung setzt für ihre Teilstaaten auf eine Optimierung ihrer Budgetierung mit der Digitalisierung. Dafür hat Russland zuerst die Systeme auf einer homogenen Systemlandschaft umstrukturiert und den verantwortlichen Personen zudem mehr Entscheidungsspielraum eingeräumt. Dennoch kämpft die Regierung immer noch mit einer hohen Intransparenz der Daten und Auswirkungen von Entscheidungen. Dieses Problem wollen sie zukünftig mit einer einheitlichen Identifikation von Werttreibern als Planungsgrundlage beheben.[65]

Werden jedoch Länder mit ähnlichen Kulturen zur deutschen betrachtet, scheint das Interesse an einer Optimierung der Budgetierung wieder zu steigen. „In Frankreich scheinen die Praktiken mehr infrage gestellt zu werden als das Budget selbst."[66] Trotz der weiteren Nutzung von Budgets, zweifelt dieses Land stark an dem Sinn der Erstellung davon, da es hier nur eine Orientierungsgröße mit einem geringen Detaillierungsgrad gibt, der zudem Top-down meist ohne großen Einfluss des Controllings festgelegt wird.[67] Im DACH-Bereich (Deutschland, Österreich und Schweiz) gibt die Schweiz in der Studie von Keimer und Egle mit 74% an, ihr Controlling bereits mittel und 14% sogar hoch digitalisiert zu haben.[68] Als die größten Einflüsse von digitalen Technologien, haben die Befragten Big Data, Cloud-Technologien, künstliche Intelligenz sowie Mobile-Lösungen angegeben.[69] Österreich hingegen ist in den Problemen und im Stand der Praxis sehr ähnlich zu Deutschland.[70] Die Studie von Barakalov hat dementgegen auch aufgezeigt, dass in diesen Ländern mit einer eher höheren Unsicherheitsvermeidung auch die Skepsis gegenüber neuen Technologien sowie Business Analytics im Allgemeinen steigt.[71] Frankreich findet lediglich eine Zustimmung für BA mit 40%, wohingegen diese in Deutschland mit 28% noch geringer ausfällt.[72]

5.3 Hindernisse und Herausforderungen

Unternehmen wie bspw. Bayer geben an, dass Sie bis 2025 ihre Planung soweit optimiert haben wollen, dass alle Inputdaten konsistent und integriert sind sowie möglichst viele Prozesse durch den Einsatz von künstlicher Intelligenz allein

---

[65] Vgl. Hariyanti et al. (2018), S. 622-626 sowie Kovaleva et al. (2019), S. 1-6.

[66] Paul, Traber (2015), S. 92.

[67] Vgl. Paul, Traber (2015), S. 90-98.

[68] Vgl. Keimer, Egle (2018), S. 62-67.

[69] Vgl. ebd.

[70] Vgl. Waniczek et al. (2017), S. 50-56.

[71] Vgl. Barkalov (2015), S. 99-102.

[72] Vgl. ebd.

bewältigt werden. Doch wieso nutzen die Unternehmen (noch) nicht die bereits vorhandenen Möglichkeiten der Digitalisierung? Immerhin hat die Studie von Nasca et al. aus dem Jahr 2018 bewiesen, dass die Möglichkeit einer Erreichung derGrundsätzeaus Kapitel 4 mit der Zunahme der Digitalisierung stark ansteigt. Des Weiteren konnten die befragten Unternehmen durch die digitale Transformation ihre Performance von 50% auf 60% steigern. Dennoch scheinen viele Unternehmen noch Schwierigkeiten in der Implementierung zu haben. Die Controlling-Panel-Erhebung vom Jahr 2016 hat ergeben, dass die Unternehmen v.a. große Schwierigkeiten haben, eine erfolgreiche „Single Source of Truth" bei sich zu etablieren. Grund dafür ist meist die fehlende Datenqualität sowie eine fehlende Einbindung bedeutender externer Marktdaten. Erst wenn die Aussagekraft von Big Data hoch genug ist, können die Daten für weitere Schritte, wie z.B. zur Entscheidungsfindung, verwendet werden. Die Relevanz scheint insgesamt mit einem Interesse von über 2/3 der Befragten erkannt zu sein. Immerhin nutzen bereits 41,2% der Unternehmen den Einsatz von Massendaten oder befinden sich derzeit im Projektstadium. Eine Analyse dieser Daten durch bspw. Data Mining führen jedoch nur 21,5% der Unternehmen durch. Umgekehrt bedeutet dies, dass die Hälfte der Befragten, die Big Data einsetzen, nicht die vollen Möglichkeiten ausschöpfen.[73]

Nur jede fünfte Controlling-Abteilunghat lt. einer Untersuchung von Schäffer und Weber bereits eine Digitalisierungsstrategie in ihrem Unternehmen. Grund dafür liegt meist in einem fehlenden Knowhow und mangelnder Kapazität in den jeweiligen Unternehmen. Auch in der Umfrage des Controlling-Panels gaben nur 3,5% an, bereits Data Scientists als Experten im Bereich Business Analytics zu nutzen. Zudem haben 62% der Unternehmen kein Digitalisierungsbudget. Dies führt dazu, dass nur 12 bzw. 13% in der Studie von Schäffer und Weber angeben, ausreichend in die Digitalisierung im Controlling-Bereich oder Gesamtunternehmen zu investieren. Zur Lösung der hohen Implementierungs- oder Lizenzkosten für Softwares, die diese Technologien ermöglichen, gibt es mittlerweile allerdings auch einige Wissenschaftler, die Modelle für eine kostengünstigere Nutzung entwickeln.[74]

---

[73]Vgl. Ladurner, Mäder (2012), S. 197-203; Nasca et al. (2018), S. 37-46; Oehler (2020b), S. 55-60; Schildmeyer, Horváth (2018), S. 72-76 sowie Waniczek et al. (2017), S. 50-56.

[74]Vgl. Nasca et al. (2018), S. 37-46; Oehler (2020b), S. 55-60; Schäffer, Weber (2018a), S. 42-48; Schildmeyer, Horváth (2018), S. 72-76 sowie Waniczek et al. (2017), S. 50-56.

In der Befragung von E1-E4 wurde als größtes Hindernis der Kostenfaktor angegeben. Sicherlich kann diese Einschränkung in letzter Zeit durch die anstehende Rezession und der aktuellen Covid-19-Pandemie noch verstärkt worden sein.[75] Das fehlende Know-how im Unternehmen sowie die bereits jetzt stark ausgelasteten Controller wurden jedoch direkt an zweiter Stelle mit einer Nennung von jeweils 50% angegeben. Auch die saubere Datenaufbereitung und die noch nicht vorhandene Integration wurden genannt. Die angegebenen Herausforderungen der Experten decken sich daher mit den Ergebnissen aus weiteren Studien sowie allgemeiner Literatur.

---

[75] Vgl. Statistisches Bundesamt (2020) [online].

6 Zusammenfassung und Ausblick

6.1 Zusammenfassung

Das Ziel der Arbeit war es, zu überprüfen, welche Möglichkeiten es durch Business Analytics im Rahmen der Budgetierung gibt, um die vorhandenen Probleme zu lösen. Zudem sollte beleuchtet werden, inwieweit diese in der Praxis bereits Anwendung finden.

Dafür wurden zunächst die Grundlagen der Budgetierung in Kapitel 2 erläutert. Ziel der Budgetierung ist es, die strategischen Ziele für die operative Ebene abzuleiten und mit monetären Werten zu ergänzen. Diese dienen grundsätzlich als Planungs-, Motivations- Koordinierungs- sowie Kontrollfunktion. Das traditionelle Budgetierungskonzept legt die Zielwerte fix in einem Gegenstromverfahren für das kommende Geschäftsjahr fest. Es gibt hierbei jedoch auch einige Kritikpunkte, wie u.a. der hohe Ressourcenverbrauch, eine fehlende Flexibilität sowie eine starke Vergangenheitsorientierung.

Das Kapitel 3 stellte anschließend die Grundlagen für Business Analytics vor. Das Ziel von BA ist es, die Geschäftssteuerung durch die Analyse großer Datenmengen zu optimieren. Die Möglichkeiten können dabei auf den Evolutionsstufen Descriptive, Diagnostic, Predicitve sowie Prescriptive Analytics dargestellt werden. Der Unterschied zu BI ist dabei, dass BA neben dem Blick in die Vergangenheit ergänzend auch zukunftsorientierte Instrumente einsetzt.

Kapitel 4 bildete den Kern der Arbeit und sollte den ersten Teil der Forschungsfrage beantworten, welche Möglichkeiten sich durch BA im Rahmen der Budgetierung ergeben. Im Grundsatz der Einfachheit geht es zum einen darum, wieder einen Fokus auf das Wesentliche zu schaffen. Dies wird durch den Einsatz von Treibermodellen ermöglicht und bildet die Grundlage für bspw. Szenario-Analysen. Zum anderen kann der Budgetierungsprozess durch eine Automatisierung mit RPA effizienter gestaltet werden. Des Weiteren erlaubt eine künstliche Intelligenz in Verbindung mit statistischen Modellen eine Analyse der Daten in Echtzeit. Um eine flexible Entscheidung treffen zu können, ist es zudem wichtig, eine hochwertige Datengrundlage durch eine erfolgreiche Implementierung von Big Data Analytics zu schaffen. Dies erlaubt im Nachgang eine eigenständige Nutzung von Self-Service-Lösungen vom Management. Ebenfalls ermöglicht der Einsatz von Szenario-Simulationen eine Veranschaulichung von Treibereffekten in möglichen Szenarien. Zusätzlich wird die Flexibilität durch den Einsatz von rollierenden Planungen verbessert. Die mangelhafte Prognosegüte kann im Rahmen von BA auf komplexere statistische und stochastische Modelle zurückgreifen, um die Aussagekraft zu steigern. Bestenfalls wird dies anhand von Predictive Analytics mit den Ist-Daten für eine bessere Vorhersage ergänzt. Schlussendlich ist es v.a. wichtig eine Integration zu schaffen, sodass die eingesetzten Instrumente im Unternehmen miteinander agieren können und es ein einheitliches Planungssystem gibt.

Für die Beantwortung des zweiten Teils der Forschungsfrage, beleuchtete Kapitel 5 den Stand der Praxis in und außerhalb von Deutschland. Viele Unternehmen haben bereits mehrere Projekte gestartet, um die Probleme ihrer bisherigen Budgetierung zu lösen. Die meisten Unternehmen setzen bisher jedoch nicht auf eine ganzheitliche Transformation, sondern vielmehr auf die Optimierung des Budgetierungsprozesses. An einer höheren Datenqualität oder Aussagekraft arbeiten sie jedoch eher weniger. Gründe dafür sind v.a. das Fehlen einer Digitalisierungsstrategie, fehlendes Knowhow und kein bzw. ein nicht ausreichendes Investitionsbudget. Im Ländervergleich wird deutlich, dass die Herangehensweise in der Planung stark von der Kultur in den jeweiligen Unternehmen abhängig ist. Während Regionen, die sehr ähnlich zu Deutschland sind, auf einem identischen Stand der digitalen Transformation sind, sind zwar bspw. die USA hingegen sehr offen für BA, legen allerdings grundsätzlich keinen Fokus auf eine Budgetierung.

6.2 Ausblick

Basierend auf den Erkenntnissen dieser Arbeit lässt sich festhalten, dass die die Notwendigkeit von Veränderungen im Budgetierungsprozessin den letzten Jahrzehnten fastalle Manager verstanden haben. Auch die Digitalisierung steht hoch im Kurs bei den Unternehmen. Waniczek et al. hat jedoch herausgefunden, dass nur 14% der Controlling-Leiter von einer Änderung der Controlling-Inhalte durch veränderte Geschäftsmodelle ausgehen, obwohl u.a. durch die vermehrte Nutzung von nicht-finanziellen Steuerungen dies absehbar ist. Dies könnte auch der Grund dafür sein, warum die Unternehmen in der Umsetzung noch nicht soweit sind, wie sie es gerne wären. Trotz dem Interesse an einer Digitalisierungwerden in vielen Controlling-Bereichen die damit einhergehenden Chancen für Optimierungen sowie bei Nichtnutzung die möglichen Konsequenzen noch unterschätzt. Die Umfrage im Rahmen des Controller-Panels zeigt deutlich auf, dass erst jedes vierte Unternehmen wirklich an das Potenzial einer Digitalisierung glaubt und somit auch ein Grund dafür ist, dass die Motivation zur Umsetzung im Unternehmen noch gering ist. Neben dem Mangel an einer intrinsischen Motivation, werden die Controller jedoch auch durch fehlende Investitionsbudgets und Knowhow an einer Transformation gehindert. Diese Hürden könnten zukünftig durch leistungsfähigere sowie kostengünstigere Technologien geschwächt werden, sodass vermehrt Unternehmen Business Analytics in ihrem Unternehmen einsetzen. Trotzdem sind auch die Manager in der Verantwortung, die Wichtigkeit einer Transformation zu erkennen und dafür Mittel sowie Ressourcen bereitzustellen. Des Weiteren ist für die Unternehmen der Einsatz von Data Scientists enorm wichtig, weil sie als Experten für die Analysen sowie Interpretationen das notwendige Knowhow besitzen. Die Umfrage im Controller-Panel hat gezeigt, dass nur 3,5% der Unternehmen einen Data Scientist einbinden. Darum ist es für eine volle Ausschöpfung der Möglichkeiten durch BA bedeutend, schnellstmöglich Fachkräfte für sich zu gewinnen oder solche frühzeitig intern aufbauen.[76]

Zusätzlich fällt es Managern und Controllern meist schwer, die Digitalisierung im Unternehmen umzusetzen, da sie meist nicht genau wissen, wo sie mit einer Transformation beginnen sollen und folglich Unsicherheiten oder gar Vorbehalte bestehen.[77] Ganzheitliche Lösungen für eine „Budgetierung 4.0" hat noch kaum ein Unternehmen umgesetzt. Zwar gibt es viele Ansätze, um einzelne Probleme durch neue Instrumente zu lösen, diese werden allerdings häufig isoliert und nicht als ganzheitliche Digitalisierungstransformation angegangen. Die Erkenntnisse aus Kapitel 4 zeigen dahingegen auf, dass nur die Nutzung von verschiedenen Instrumenten zusammen alle Probleme aus Kapitel 2.3.2 lösen kann. Daher ist v.a. die Integration einer einheitlichen Planungsgrundlage sowie einer homogenen Prozess- bzw. Systemlandschaft für die Unternehmen entscheidend. Erst wenn diese als Basis vorhanden ist, können die unternehmensinterne Probleme angegangen sowie bewältigt werden, um folglich daraus einen Wettbewerbsvorteil generieren zu können.

---

[76] Vgl. Kappes, Leyk (2018), S. 4-12; Ladurner, Mäder (2012), S. 197-203; Nasca et al. (2018), S. 37-46; Oehler (2020b), S. 55-60; Vierkorn (2019), S. 58ff.; Schildmeyer, Horváth (2018), S. 72-76 sowie Waniczek et al. (2017), S. 50-56.

[77] Vgl. Kappes, Leyk (2018), S. 4-12; Schäffer, Weber (2018b), S. 16-18 sowie Waniczek et. al (2017), S. 50-56.

Anhang

Anhang 1: Forschungsdesign und Zielgruppe

Die vier Experten-Interviews wurden im Zeitraum vom 22.05.2020 - 30.05.2020 durchgeführt. Hinter den Kürzeln E1 - E4 steckt die Bezeichnung Experte 1 - Experte 4. Alle Namen werden anonym behandelt. Die Befragten wurden über Xing und LinkedIn akquiriert. Die Unternehmen wurden dabei möglichst branchen- und größenübergreifend ausgewählt.

Interview 1: Telefonisch durchgeführt am 22.05.2020 mit E1. Berufsbezeichnung: CFO Unternehmen: scil animal care company GmbH

Interview 2: Telefonisch durchgeführt am 25.05.2020 mit E2. Berufsbezeichnung: Kaufmännische Leitung Unternehmen: WISAG Produktionsservice GmbH

Interview 3: Telefonisch durchgeführt am 27.05.2020 mit E3. Berufsbezeichnung: Leiter Zentraler Dienst Kaufm. Controlling Unternehmen: AGAPLESION gAG

Interview 4: Telefonisch durchgeführt am 30.05.2020 mit E4. Berufsbezeichnung: Leiter Controlling Unternehmen: Liebherr-Hausgeräte GmbH

Anhang 2: Interviewergebnisse

Zur überschaubaren Darstellung werden die Interviewergebnisse im Folgenden in tabellarischer Form mit den jeweiligen Fragen (F) sowie Antworten (A) dargestellt.

Ergebnisse Interview 1 durchgeführt mit E1:

F1	Einleitend würde ich gerne wissen, wie die derzeitige Budgetierung in Ihrem Unternehmen aussieht. Können Sie mir bitte den Ablauf inklusive Dauer ihrer Budgetierung beschreiben?
A1	Wir beginnen unsere Budgetierung mit einem Bottom-Up-Verfahren in den einzelnen Bereichen. Anschließend wird der strategische Plan Top-down festgelegt und über die Top-down-adjustments miteinander konsolidiert. Die Dauer, bis die komplette Budgetierung verabschiedet werden kann, beträgt ca. 3 Monate.
F2	Haben Sie in Ihrer derzeitigen Budgetierung eine oder mehrere Probleme festgestellt? Denken Sie, dass Business Analytics dabei Lösungen für die Probleme bietet oder die Qualität Ihrer Budgetierung steigern kann?
A2	Die Budgetierung dauert mir persönlich mit den 3 Monaten zu lange und bindet zu viele Ressourcen. Dadurch können wir uns nicht schnell genug an nötige Veränderungen anpassen. Ja ich denke, dass Business Analytics zu einer Verbesserung führen kann. Ich erhoffe mir davon ein Vorschlag zur Entwicklung der Umsätze, der aus der Vergangenheit abgeleitet werden kann, insbesondere saisonale Verläufe.
F3	Welche Technologien oder Modelle im Rahmen von Business Analytics nutzen Sie bereits in Ihrer Budgetierung und welche Erfahrungen haben Sie bereits damit gemacht?
A3	Wir nutzen bereits statistische und mathematische Modelle, einen rollierenden Forecast mit Intervallen von 3 Monaten und Szenario-Simulationen. Meine Erfahrungen damit waren, dass die Instrumente sehr hilfreich sind, v.a. um Trends zu entwickeln.
F4	Inwieweit würden Sie sage ist Ihr Budgetierungsprozess bereits automatisiert von 0% bis 100%?
A4	10%
F5	Welche möglichen Hindernisse sehen Sie in Ihrem Unternehmen in der bisherige oder für die weitere Implementierung von Business Analytics Technologien?
A5	Wir haben die meisten Probleme in der sauberen Datenaufbereitung und da sehe ich auch für zukünftige Implementierungen ein großes Hindernis. Außerdem ist auch der Kostenfaktor ein Hindernis für größere Neuinvestitionen bei uns.

Ergebnisse Interview 2 durchgeführt mit E2:

F1	Einleitend würde ich gerne wissen, wie die derzeitige Budgetierung in Ihrem Unternehmen aussieht. Können Sie mir bitte den Ablauf inklusive Dauer ihrer Budgetierung beschreiben?
A1	Die Planung der verschiedenen Regionen und Niederlassungen erfolgt bei uns mit Hilfe einer Exceldatei. In dieser sind die Vorjahreswerte enthalten inkl. Forecast-Werte für die verbleibenden Monate des Jahres. Diese Dateien werden dann zur Bearbeitung an die Regionen geschickt. Neben der quantitativen Planung wird eine qualitative Planung erstellt, um die Zahlen mit entsprechenden Maßnahmen zu hinterlegen. Die abgegebene Planung der Regionen wird mit den Geschäftsführern durchgesprochen und im Bedarfsfall angepasst. Je nachdem wie oft diese Anpassungen durchgesprochen werden müssen, dauert der Prozess kürzer oder länger. Die letzte Budgetierung hat bis zur Verabschiedung ungefähr 4 Monate gedauert und die Ressourcen von der Hälfte unserer Controller eingefordert. Wir versuchen diesen Prozess allerdings zu optimieren und möchten dieses Jahr eine neue Planungsdatei entwickeln.
F2	Haben Sie in Ihrer derzeitigen Budgetierung eine oder mehrere Probleme festgestellt? Denken Sie, dass Business Analytics dabei Lösungen für die Probleme bietet oder die Qualität Ihrer Budgetierung steigern kann?
A2	Das größte Problem derzeit ist, dass die Budgetierung viel zu lange dauert. Grund dafür ist, dass wir die Daten aus verschiedenen Systemen ziehen müssen und wir die händisch anpassen müssen, da wir leider aus dem System nicht die Informationen so rausziehen können, wie wir sie für die Planung bräuchten. Das verbraucht wie bereits erwähnt sehr viele Ressourcen in unserer Controlling-Abteilung. Durch die Komplexität unserer Unternehmensstruktur mit den einzelnen Regionen und die Aufspaltung derer in zusätzlichen Niederlassungs- und Mandantenebenen ist der Aufwand immens. Dadurch haben wir auch das Problem, dass viele Niederlassungen unterschiedliche Buchungssystematiken haben und uns darüber leider noch ein transparenter Einblick fehlt. Dadurch müssen wir viel im Nachhinein noch anpassen und die Aussagekraft ist nur eingeschränkt vorhanden. Außerdem haben wir noch das Problem der Vergangenheitsorientierung der Daten in unserer Planungsgrundlage. Ich bin auf jeden Fall der Meinung, dass sich der Aufwand für solche Tätigkeiten unbedingt durch Business Analytics senken lässt und dass die Arbeit für einen Controller ebenfalls in gewisser Weise einfacher wird. Und zwar insbesondere in Bezug auf die Möglichkeit der Sammlung von Daten im Rahmen von Big Data, was natürlich in den letzten Jahren irgendwie ebenfalls von, sagen wir mal, hoher manueller Tätigkeit bis hin zu einer sehr hohen Automatisierung, bestenfalls sogar einer Vollautomatisierung, ermöglicht wurde. Vorteilhaft wäre auch, wenn man sich die Daten nicht mehr mühsam manuell aus verschiedenen Quellen zusammensuchen muss. Was in großen Firmen nichtsdestotrotz viele Male noch irgendwie der Fall ist, ist dass Systeme noch nicht in dieser Art zusammenarbeiten, aber ich denke da kommen wir später noch dazu. Auf jeden Fall glaube ich, dass ein Controller mit einer ausreichenden Automatisierung erheblich mehr Zeit für weitere Tätigkeiten hat und aus diesem Grund bin ich zweifelsohne überzeugt, dass je mehr Informationen man hat, umso besser und umso qualitativer kann die Arbeit eines Controllers auf jeden Fall werden. Und wir haben im Rahmen

	der Digitalisierung gleichermaßen die Option, Prozesse zu analysieren, die zuvor undenkbar waren, weil es nicht die Chance gab, an spezielle Informationen zu kommen. Daher haben wir zukünftig mehr Bereiche, die wir untersuchen können und das ist grundsätzlich erst mal super.
F3	Welche Technologien oder Modelle im Rahmen von Business Analytics nutzen Sie bereits in Ihrer Budgetierung und welche Erfahrungen haben Sie bereits damit gemacht?
A3	Bisher nutzen wir nur einen rollierenden Forecast, weil wir intern unsere Systemlandschaft komplett verändert haben die letzten Jahre und wir dadurch noch viele Baustellen haben. Daher nutzen wir momentan für die Planung nur Excel als Grundlage. Zukünftig wollen wir aber eine neue Software im Controlling einführen, damit wir recht einfach die Daten aus verschiedenen Quellen ziehen und harmonisieren können. Wenn das erfolgreich implementiert ist, wollen wir gerne auch weitere Business Analytics Instrumente einsetzen. Meine bisherigen Erfahrungen waren recht positiven durch die bestbaren Datengrundlagen.
F4	Inwieweit würden Sie sage ist Ihr Budgetierungsprozess bereits automatisiert von 0% bis 100%?
A4	25%
F5	Welche möglichen Hindernisse sehen Sie in Ihrem Unternehmen in der bisherige oder für die weitere Implementierung von Business Analytics Technologien?
A5	Wie bereits erwähnt ist bei uns das größte Hindernis die fehlende Systemkompatibilität. Die Schwierigkeit wird bei uns werden, die IT einzubinden und dass wir für diese Projekte Kapazität von der IT freigestellt bekommen.

Ergebnisse Interview 3 durchgeführt mit E3:

F1	Einleitend würde ich gerne wissen, wie die derzeitige Budgetierung in Ihrem Unternehmen aussieht. Können Sie mir bitte den Ablauf inklusive Dauer ihrer Budgetierung beschreiben?
A1	Unsere Planung beginnt mit der strategischen Planung. Kernelement davon ist der bei uns genannte Spannungsbogen mit fünf strategischen Stoßrichtungen: Christliches Profil, Attraktiver Arbeitgeber, Kundenorientiertes Angebotsportfolio, Zukunftsorientierte Organisationsentwicklung, Angemessene Rentabilität mit dem Ziel einer langfristiger Unternehmenserhaltung. Daran anschließend geben die einzelnen Bereiche ihre Prämissen Bottom-up ab. Damit wird die erste Planversion erstellt. Dauer dafür ist ca. 3 Monate. Im Anschluss wird die operative Planung geprüft und in verschiedenen Gesprächsrunden diskutiert. Dafür brauchen wir nochmal ungefähr 1 Monat. Danach werden die Änderungen in der Planversion eingearbeitet und mit Maßnahmen ergänzt. Bis die Budgetierung im Detail fertig ist, kann es schon einmal 5 Monate dauern.
F2	Haben Sie in Ihrer derzeitigen Budgetierung eine oder mehrere Probleme festgestellt? Denken Sie, dass Business Analytics dabei Lösungen für die Probleme bietet oder die Qualität Ihrer Budgetierung steigern kann?

A2	Mit den 5 Monaten sind wir nicht zufrieden, das dauert uns eindeutig zu lange und der Aufwand und die Kosten stehen in keinem Verhältnis. Daran wollen wir die nächsten Jahre unbedingt noch arbeiten. Wir haben allerdings was die Aussagekraft und Qualität der Budgetierung angeht schon viel die letzten Jahre gemacht und ein Business Intelligence Tool eingeführt. Aus dem Grund erwarte ich von Business Analytics keine größere Lösungsmöglichkeiten wie wir sie bereits durch das Business Intelligence Tool haben.
F3	Welche Technologien oder Modelle im Rahmen von Business Analytics nutzen Sie bereits in Ihrer Budgetierung und welche Erfahrungen haben Sie bereits damit gemacht?
A3	Wir nutzen bereits eine ganze Bandbreite an Technologien und Modelle, die wir bei uns einsetzen. Wir haben gemerkt, dass eine reine Fortschreibung der vergangenen Strategien nicht mehr ausreicht um gegen den steigenden Wettbewerbsdruck anzukommen. Uns war es wichtig, frühzeitig die aktuellen Megatrends wie Internationalisierung, Technisierung und Digitalisierung in unserer Planung zu berücksichtigen. Für die Data Ära setzen wir bei uns auf In-Memory-Systeme und Data Mining zur optimalen Verarbeitung und Auswertung der Daten. Außerdem wollen wir verstärkt auch in der Planung die Bedürfnisse unserer Stakeholder berücksichtigen und somit beziehen wir auch externe Marktdaten mit ein. Unterstützen tun uns bei den Auswertungen und Analysen künstliche Intelligenz mit bspw. Machine Learning und statistische und mathematische Modelle. Damit wir die Zukunft optimal im Auge behalten können, nutzen wir außerdem rollierende Forecasts und setzen Predictive Analytics ein. Als Erfahrung habe ich gemacht, dass mehr Zeit mit Planung zu verbringen nicht automatisch zu einem besseren Plan führt.
F4	Inwieweit würden Sie sage ist Ihr Budgetierungsprozess bereits automatisiert von 0% bis 100%?
A4	25%
F5	Welche möglichen Hindernisse sehen Sie in Ihrem Unternehmen in der bisherige oder für die weitere Implementierung von Business Analytics Technologien?
A5	Unser größtes Hindernis in der Implementierung war und ist der Fachkräftemangel. Es ist schwer geeignete Kandidaten im Controlling zu finden, die sich auch mit der Digitalisierung genug auskennen, um bei einer Transformation helfen zu können oder neuen Input einzubringen. Andererseits ist es allerdings auch sehr schwer für uns geeignete Informatiker zu finden, die sich zum einen in solchen Themen auskennen und sich v.a. dafür auch begeistern können und sich in unserer Branche miteinbringen möchten.

Ergebnisse Interview 4 durchgeführt mit E4:

F1	Einleitend würde ich gerne wissen, wie die derzeitige Budgetierung in Ihrem Unternehmen aussieht. Können Sie mir bitte den Ablauf inklusive Dauer ihrer Budgetierung beschreiben?
A1	Die Planung und Budgetierung erfolgt bei uns klassisch im Tod-down-Verfahren. Die strategischen Ziele werden im aktuellen Jahr für das Folgejahr festgelegt und dann Schritt für Schritt erst auf Bereichsebene, dann auf Abteilungsebene bis zur Kostenstelle heruntergebrochen. Die einzelnen Teams müssen im November dann ihre Budgetanträge an das Controlling stellen und ihre Budgetwünsche äußern. Das Controlling nimmt die alten Budgets dann als Grundlage und passt die an die Veränderungen aus der operativen Ebene an. Mit einer guten Begründung werden diese Anträge meist dann so übernommen. Falls Abstriche gezogen werden müssen, haben die Kostenstellen zu schauen, wo sie Kosten einsparen können. Die Budgetzuteilung für die Bereiche kommt dann meist gegen Ende Januar.
F2	Haben Sie in Ihrer derzeitigen Budgetierung eine oder mehrere Probleme festgestellt? Denken Sie, dass Business Analytics dabei Lösungen für die Probleme bietet oder die Qualität Ihrer Budgetierung steigern kann?
A2	Die Prozesse sind sehr langsam und nehmen viel Zeit in Anspruch. Die Budgetanträge müssen öfter mal korrigiert werden und drehen dadurch viele Schleifen. Infolgedessen kommt es zu vielen Diskussions- und Planungsrunden, die viel Zeit und Ressourcen in Anspruch nehmen. Durch unsere Jahresplanung fällt es uns außerdem schwer auf nicht geplante Veränderungen zu reagieren, weil wir die Planung unterjährig nur bei wesentlichen Änderungen anpassen. Neue Parameter unterjährig mitaufzunehmen ist derzeit nicht möglich für uns aufgrund Kapazitätsengpässe und IT-Restriktionen. Und zur zweiten Frage, ja ich bin definitiv der Meinung, dass sich die Qualität der Budgetierung durch Business Analytics verbessern lässt. Dadurch, dass Big Data ermöglicht, mehr Daten für Analysen oder Entscheidungen sowie präzisere Daten zu verwenden, d.h. im Sinne einer größeren Granularität und Kontinuität. Dies bedeutet, dass die Daten einfach in einem kontinuierlichen Strom großer Datenmengen und nicht in Stapelgrößen verfügbar sind, sodass wir fast wöchentlich und monatlich Abzüge erhalten könnten. In der Mengenabmessung stehen zunächst mehr Daten zur Verfügung, die ebenfalls verwendet werden können. Neue Technologien können auch unstrukturierte Daten mit Textdaten aus Social Media oder was auch immer kombinieren. Da gibt es ja unbegrenzt viele Möglichkeiten. Von daher glaube ich schon, dass sich die Qualität verbessert. Bezogen auf den Aufwand glaube ich allerdings nicht, dass er arg viel weniger wird. Er wird sich meiner Meinung nach eher verschieben. Natürlich kann die Digitalisierung Prozesse automatisieren, aber der Aufwand wird sich dann vermutlich eher verschieben, weil auch die Prozesse entwickelt, gebaut und validiert werden müssen.
F3	Welche Technologien oder Modelle im Rahmen von Business Analytics nutzen Sie bereits in Ihrer Budgetierung und welche Erfahrungen haben Sie bereits damit gemacht?

A3	Bisher sind wir leider noch nicht so digital unterwegs, wie wir es gerne wären. Wir haben es bereits geschafft, ein Treibermodell im Unternehmen einzuführen, um zu sehen, welche Variablen welche Effekte haben. So konnten wir die Detaillierungstiefe der Budgetierung verringern und die Planung insgesamt vereinfachen. Wir haben zudem in den letzten Jahren gemerkt, dass eine Planung ohne das Einbeziehen unserer Kunden nur wenig Sinn macht. Daher war es für uns auch wichtig, externe Marktdaten mit in der Planung zu berücksichtigen. Um relativ schnell Maßnahmen auf Veränderungen am Markt treffen zu können, nutzen wir ebenfalls das Prinzip der Rolling Forecasts.
F4	Inwieweit würden Sie sage ist Ihr Budgetierungsprozess bereits automatisiert von 0% bis 100%?
A4	5%
F5	Welche möglichen Hindernisse sehen Sie in Ihrem Unternehmen in der bisherige oder für die weitere Implementierung von Business Analytics Technologien?
A5	Unser größtes Hindernis ist derzeit der Kostenfaktor und Kapazitätsmangel. Aufgrund des höheren Wettbewerbsdrucks im Bereich weißer Ware, stand in den letzten Jahren eher eine Sparpolitik auf dem Programm. Viele Projekte wurden daher verschoben oder komplett abgesagt. Die aktuelle Lage mit Corona hat diesen Preisdruck und die Politik zur Kostensenkung nur noch mehr verstärkt. Die aktuellen IT-Projekte auch im Rahmen des Controllings sind derzeit auf unbestimmte Zeit alle auf Eis gelegt. Außerdem mussten wir feststellen, dass die aktuellen Controller kein ausreichendes Wissen für Digitalisierungsthemen haben und die Zeit für eine Wissensaneignung fehlt. Aus dem Grund haben die Projekte auch keine Priorität bei uns und gehen leider meist im Tagesgeschäft unter.

Anhang 3: Datenauswertung

Auswertung F1:

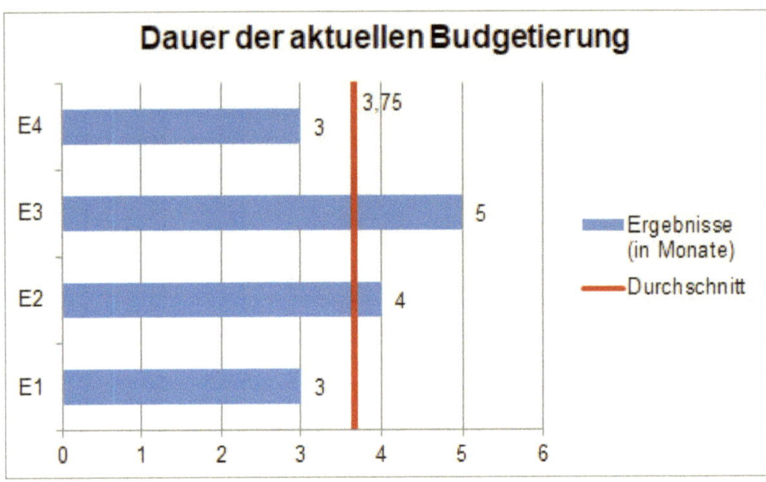

Auswertung F2:

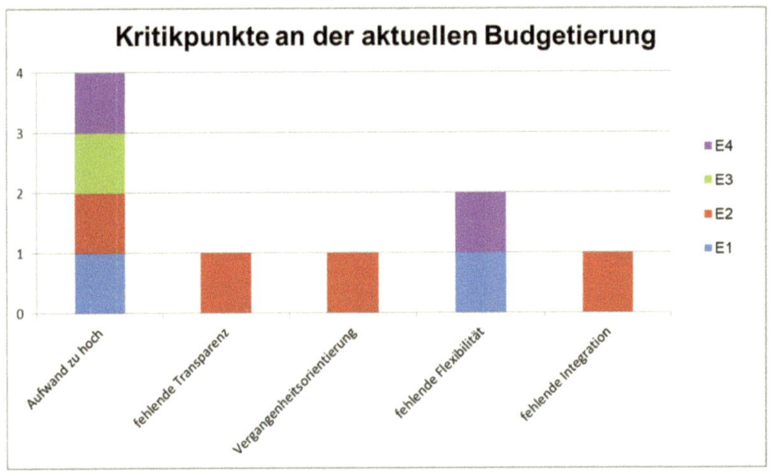

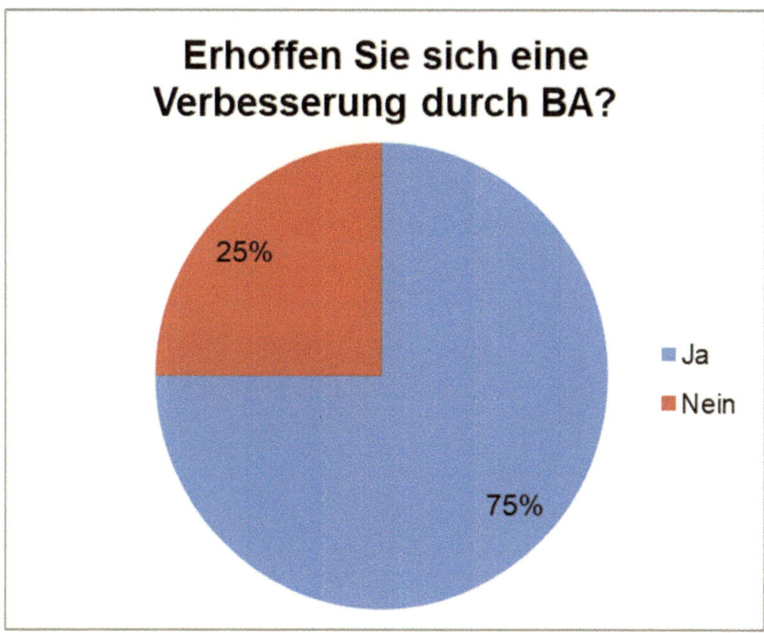

Auswertung F3:

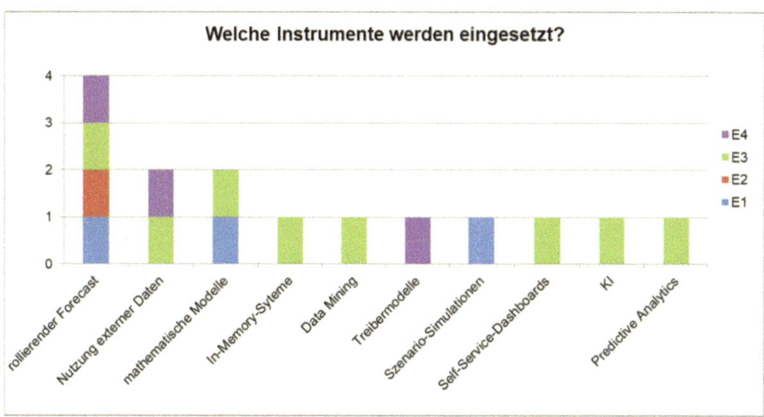

Auswertung F4:

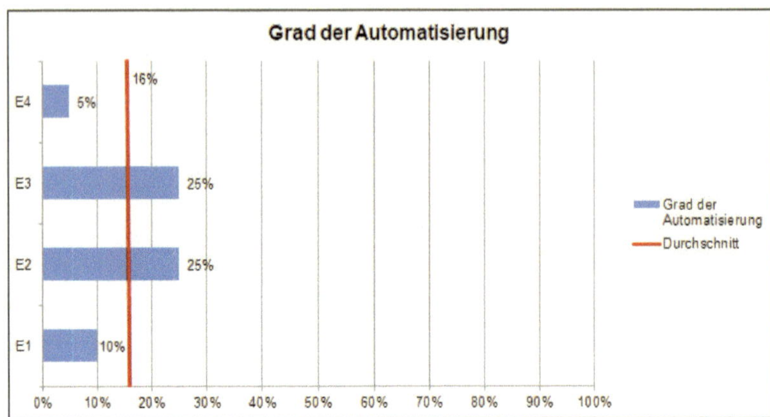

Auswertung F5:

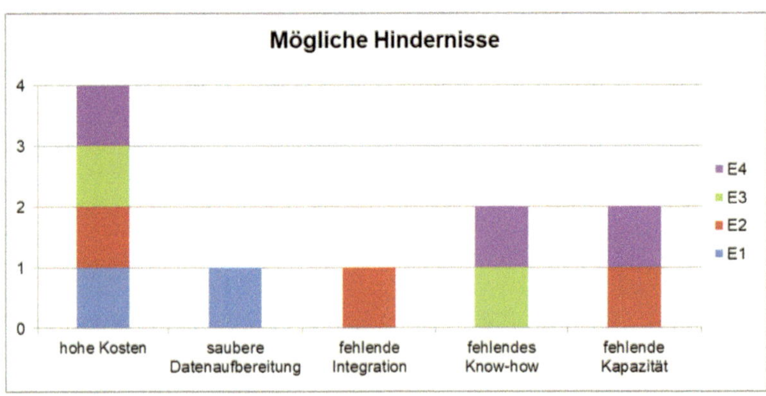

Literaturverzeichnis

Andersen, N.; Klingspor, T. (2012): Ereignisbasiertes Forecasting. In: CONTROLLER Magazin, Heft 4, S. 22–27.

Apache (2019): The Apache Software Foundation. Online verfügbar unter https://www.apache.org/, zuletzt geprüft am 02.06.2020.

Arrenberg, S. (2019): Treiberbasierte Planung. In: CONTROLLER Magazin, Heft 3, S. 12–16.

Barkalov, I. (2015): Effiziente Unternehmensplanung. Weniger Aufwand, mehr Flexibilität, mehr Geschäftserfolg. Wiesbaden: Springer Gabler.

Bayer, M. (2019): Process Mining verspricht Durchblick im Prozessdschungel. In: Computerwoche, Heft 19.

Becker, A.; Leyk, J.; Riemer, L. (2013a): Moderne Budgetierung: Dynamische Unternehmenssteuerung am Beispiel von Bayer MaterialScience. In: CONTROLLER Magazin, Heft 4, S. 55–61.

Becker, W.; Ebner, R.; Mayer, T. A.; Ulrich, P. (2013b): Controlling-Instrumente in mittelständischen Unternehmen. Ergebnisse einer aktuellen Online-Befragung. In: CONTROLLER Magazin, Heft 3, S. 58–62.

Bliefert, F. (2019): Die treiberbasierte Planung als Zwischenschritt zur Bandbreitenplanung. In: CONTROLLER Magazin, Heft 4, S. 27–30.

Bründermann, K. (2014): Rollierende Planung - Alternative oder Ergänzung der Jahresplanung. Praktische Anregungen zur Implementierung. In: CONTROLLER Magazin, Heft 2, S. 15–24.

Chamoni, P.; Gluchowski, P. (2017): Business Analytics - State of the Art. In: Controlling & Management Review, Heft 4, S. 8–17.

Dambrowski, J. (1986): Budgetierungssysteme in der deutschen Unternehmenspraxis, Darmstadt: Toeche-Mittler.

Dillerup, R.; Stoi, R. (2006): Unternehmensführung. München: Vahlen.

Eisl, C.; Holst, H.-U.; Rieg, R.; Schentler, P.; Sindl, S.; Tschandl, M. (2011): Moderne Budgetierung umsetzen. In: CONTROLLER Magazin, Heft 6, S. 64–67.

Ewen, S. (2018): Datenanalyse in Echtzeit - Apache-Lösungen zum Data Streaming. In: Computerwoche, Heft 44.

Federmann, F.; Häckel, B.; Isbruch, F.; Kratsch, W.; Möller, K.; Voit, C.; Wunderlich, P. (2020): Treiberbasierte Simulation im Controlling bei Infineon. In: Controlling 32, Heft 2, S. 28–35.

Friedinger, M.; Altendeitering, S. (2015): Budgetierung im Wandel. In: Controlling & Management Review, Sonderheft 1, S. 32–35.

Gänßlen, S.; Losbichler, H.; Horváth, P.; Michel, U. (2014): Big Data - Potenzial für den Controller. Dream Car der Ideenwerkstatt im ICV 2014. In: ICV.

Gegenmantel, R. (2020): Planung verändern mit neuer Technologie. In: Controlling & Management Review, Heft 3, S. 40–45.

Gleich, R.; Tschandl, M.(2018): Digitalisierung & Controlling. Technologien, Instrumente, Praxisbeispiele. 1. Aufl., Freiburg, München, Stuttgart: Haufe Group.

Gluchowski, P. (2016): Business Analytics – Grundlagen, Methoden und Einsatzpotenziale. In: HMD, Heft 3, S. 273–286.

Graf, P.; Schmitz, M. (2018): Neugestaltung der Planung bei der Ensinger Unternehmensgruppe. In: Controlling, Heft 6, S. 29–36.

Günther, T.; Schomaker, M. (2012): 10 Thesen für mehr Effizienz in der Planung mittelständischer Unternehmen. In: ZfCM Controlling & Management, Heft 3, S. 18–30.

Hariyanti, N. K. D.; Pasek, I. K.; Sumetri, N. W. (2018): Technology Acceptance Analysis Of Planning And Budgeting System Of Bali State Polytechnic. 2018 International Conference on Applied Science and Technology (iCAST).

Hofstede, G. H. (2011): Lokales Denken, globales Handeln: Interkulturelle Zusammenarbeit und globales Management, 5. Aufl., München: Beck-Wirtschaftsberater im dtv.

Horváth, P. (2003): Hat die Budgetierung noch Zukunft? In: ZfCM Controlling & Management, Sonderheft 1, S. 4–8.

Horváth, P. (2011): Controlling, 12. Aufl., München: Vahlen.

Horváth, P.; Gleich, R. (2003): Neugestaltung der Unternehmensplanung. Innovative Konzepte und erfolgreiche Praxislösungen. Stuttgart: Schäffer-Poeschel Verlag für Wirtschaft Steuern Recht GmbH.

Jelinek, B.; Hannich, M. (2009): Wege zur effizienten Finanzfunktion in Kreditinstituten. 1. Aufl., Wiesbaden: Springer Gabler.

Kappes, M.; Leyk, J. (2018): Digitale Planung. Überblick über die Planung der Zukunft im Zuge der Digitalisierung. In: Controlling, Heft 6, S. 4–12.

Keimer, I.; Egle, U. (2018): Die Treiber der Digitalisierung im Controlling. In: Controlling & Management Review, Heft 4, S. 62–67.

Kohlmann, M. (2015): Wenn Budgetierung mehr als nur Mittel zur Planung ist. In: Controlling & Management Review, Sonderheft 1, S. 42–47.

Kovaleva, T. M.; Mulendeeva, L. N.; Glukhova, A. G.; Mantulenko, V. (2019): Problems of Improving Performance Budgeting in the Russian Constituent Entities under Digital Economy. In: SHS Web Conf. 62 (4-2), 13001, S. 1–6.

Krefeld, H. W.; Hans, J. (2018): Planung 4.0 im Unternehmensalltag. In: CONTROLLER Magazin, Heft 6, S. 37–40.

Küpper, H.-U. (1994): Industrielles Controlling. Das Wirtschaften in Industrieunternehmungen, 2. Aufl., München: Vahlen.

Küpper, H.-U.; Friedl, G.; Hofmann, C.; Hofmann, Y.; Pedell, B. (2013): Controlling: Konzeption, Aufgaben, Instrumente, 6. Aufl., Stuttgart: Schäffer-Poeschel Verlag für Wirtschaft Steuern Recht GmbH.

Ladurner, C.; Mäder, O. B. (2012): Erfolgsfaktoren der Umsetzung des wertorientierten Controllings – Ergebnisse einer empirischen Studie. In: ZfCM Controlling & Management, Heft 3, S. 197–203.

Leyk, J.; Kappes, M.; Tschandl, M.; Gleich, R.; Gänßlen, S.; Kraus, U. (2013): Moderne Instrumente der Planung und Budgetierung. Innovative Ansätze und Best Practice für die Unternehmenssteuerung. Freiburg: Haufe-Lexware GmbH & Co. KG.

Mentzer, J. T.; Cox, J. E. (1984). Familiarity, Application, and Performance of Sales Forecasting Techniques. Journal of Forecasting, Heft 1, 27–36.

Nasca, D.; Munck, J. C.; Gleich, R. (2019): Quo Vadis Controlling? Einfluss der Digitalen Transformation auf die Controlling-Hauptprozesse. In: CONTROLLER Magazin, Heft 1, S. 78–80.

Nasca, D.; Munck, J. C.; Wald, A.; Gleich, R. (2018): Wie die digitale Transformation zum Erfolgsfaktor der "Modernen Budgetierung" wird - Ergebnisse einer empirischen Studie und Best-Practice-Beispiele. In: Controlling, Heft 1, S. 37–46.

o.V. (2015): In der Planung verschenken Unternehmen Chancen. Tools für Planung und Controlling. In: is report, Heft 2, S. 10–18.

Oehler, K. (2020a): Advanced Analytics im Controlling. Automatisierung der Vorschaurechnung Besuchen Sie uns auch online. In: CONTROLLER Magazin, Heft 1, S. 65–72.

Oehler, K. (2020b): Advanced Analytics im Controlling. Verbesserung der Planungsqualität durch Contributor Analytics. In: CONTROLLER Magazin, Heft 3, S. 55–60.

Oehler, K. (2020c): Ist maschinelles Lernen in der Planung einsetzbar? In: Controlling & Management Review, Heft 3, S. 22–31.

Paul, J.; Traber, K. (2015): Anderes Land, andere Kultur, andere Planung. In: Controlling & Management Review, Heft 1, S. 90–98.

Pfläging, N. (2015): Controlling dynamikrobust und frei von Budgets. In: Controlling & Management Review, Sonderheft 1, S. 66–75.

Reuschenbach, D.; Isensee, J.; Ostrowicz, S. (2019): RPA im Controlling. Steigerung der Effizienz im Reporting durch Robotic Process Automation. In: CONTROLLER Magazin, Heft 5, S. 8–13.

Rieg, R. (2015): Planung und Budgetierung. Was wirklich funktioniert. 2., überarb. Aufl., Wiesbaden: Springer Gabler.

Rieg, R. (2018): Eine Prognose ist (noch) kein Plan. Operative Planung in Zeiten von Predictive Analytics. In: Controlling, Heft 6, S. 22–28.

Schäffer, U. (2015): Die Entscheidungsträger sitzen sich am Tisch direkt gegenüber, Im Dialog mit Michael Wilkens, in: Controlling & Management Review, Sonderheft 1, S.54–59.

Schäffer, U. (2017): „Predictive Analytics macht Planung und Steuerung flexibler". In: Controlling & Management Review, Heft 4, S. 34–40.

Schäffer, U.; Weber, J. (2018a): Digitalisierung ante portas. In: Controlling, Heft 1, S. 42–48.

Schäffer, U.; Weber, J. (2018b): Lean Controlling — Wo stehen wir? In: Controlling & Management Review, Heft 8, S. 16–23.

Schäffer, U.; Weber, J. (2019): Controlling neu denken! In: CONTROLLER Magazin, Heft 3, S. 7-11.

Schildmeyer, G.; Horváth, P. (2018): Weiterentwicklung des Planungssystems bei Bayer. In: Controlling, Heft 6, S. 72–76.

Schlösser, F.; Borkenhagen, B.; Schentler, P. (2019): Durch Integration, Automatisierung und Analytics zur digitalisierten Planung. In: CONTROLLER Magazin, Heft 4, S. 71–73.

Schmitt, M. (2011): Szenario-Planung: Mit Best Case und Worst Cse sicher durch die Krise. In: CONTROLLER Magazin, Heft 1, S. 74–79.

Schnupp, C.; Möller, K. (2018): Capital budgeting optimization through process design. Increasing efficiency and strategic alignment of investment control. In: Controlling, Heft 6, S. 13–21.

Schöb, O. (2015): Integration der operativen Planung mit dem Rolling Forecast. In: CONTROLLER Magazin, Heft 5, S. 58–65.

Schön, D. (2018): Planung und Reporting im BI-gestützten Controlling. Grundlagen, Business Intelligence, Mobile BI und Big-Data-Analytics. 3., erweiterte Aufl., Wiesbaden: Springer Gabler.

Statistisches Bundesamt (2020): Einfluss des Coronavirus auf Umsatz deutscher Unternehmen 2020. Online verfügbar unter https://de.statista.com/statistik/daten/studie/1102861/umfrage/umfrage-unter-deutschen-unternehmen-zum-einfluss-des-coronavirus-auf-den-umsatz/, zuletzt geprüft am 08.06.2020.

Thaler, M.; Pierer von Esch, S. (2020): Planung in Zeiten digitaler Geschäftsmodelle. In: Controlling & Management Review, Heft 3, S. 8–15.

Thiele, P. (2019): Kausalanalysen mit Predictive Analytics. Identifikation und Steuerung von wirkungsvollen strategischen Maßnahmen. In: Controlling, Heft 1, S. 43–46.

Tucker, S. (2020): Mehrdimensional planen mit Connected Planning. In: Controlling & Management Review, Heft 3, S. 32–39.

Vierkorn, S. (2019): BI Hot Topics 2019: Worauf Controller ein Auge haben sollten. In: CONTROLLER Magazin, Heft 4, S. 58–60.

Waniczek, M.; Niedermayr, R.; Graumann, M. (2017): Need for Speed — Controlling muss schneller werden. In: Controlling & Management Review, Heft 8, S. 50–56.

Weber, J., Linder, S. (2008): Neugestaltung der Budgetierung mit Better und Beyond Budgeting? Eine Bewertung der Konzepte, 1. Aufl., Weinheim: Wiley-VCH.

Weber, J., Schäffer, U. (2016): Einführung in das Controlling, 15. Aufl., Stuttgart.

Weber, J.; Voußem, L.; Rehring, J. (2010): Aktuelle Ergebnisse aus dem WHU-Controllerpanel. Benchmarks und Trends in der Budgetierung. In: ZfCM Controlling & Management, Heft 5, S. 323–327.

Wömpener, A. (2008): Behavioral Budgeting: Beschränkte Rationalität von kognitiven Urteils- und Entscheidungsprozessen im Kontext der Budgetierung, Hamburg: Dr. Kovac.